韓冷 —— 著

流行背後的秘密

中國現代服裝的文化內涵

序　言

　　服裝是人與自然和社會環境相互作用下的產物，是人類特定的文化價值觀的物化表現。穿著服裝不僅是一種個人行為，也是一種社會行為。服裝日益通過流行反映出人在各個層面的需求。服裝本身也形成了自身豐富多變的美學體系，表現出人類藝術、審美和思想的多元文化結晶，並折射出穿著者對自身存在價值的認定和追求。

　　近來中國文藝學、美學領域中發生了回歸生活世界的趨勢，而此書的完成也正是呼應這種轉向的具體表現。文藝學、美學領域的生活論轉向是一個很深刻的轉折。它為擺脫形而上學的糾纏，擺脫抽象的辭藻玩弄，提供了一個適宜而恰當的選擇。生活世界是觀念世界和感覺世界的基礎，貼近生活，貼近現實人的真實的社會生存狀態，我們才能更深刻地、更科學地揭示美、把握美、詮釋美。[1]

　　20世紀80、90年代的思想認知邏輯模式，曾為中國美學史奠定了高水平的學術起點。但隨著學術背景和研究的深入，這種認知邏輯日漸暴露出認知維度單一的局限。2000年以來，從文化認知邏輯切入中國美學史研究，成為嶄新的路徑。從器物史包括服裝史和風尚史視角撰寫美學通史的意圖就是從文化的視角書寫美

學史。文化是人類整體的生活方式，而文化研究就是對這種整體
生活方式的完整過程的分析。服裝、建築、器物和典章制度等文
化形態，是傳統中國人集體智慧的結晶，呈現出中國社會經濟模
式、社會結構、政治制度、思想意識和美學體系高度一體化的東
方文化形態。[2]因此中國服裝史的研究具有深厚的文化含量。明
清理學家們提出的「百姓日用即道」的思想命題，它要求人們以
倫理之道觀照日常生活，又從日常生活體會人倫事理，這是中華
文明區別其他文明的重要特色。中國傳統文化的近代化離不開這
三位一體文化結構的解體，也離不開研究者從生活方式上加以觀
照，服裝研究即是突出的一例。[3]本書以美學思想與社會審美思
潮以及社會風尚的相互影響為主要研究對象。詳細梳理了從20世
紀初至21世紀10年代中國現代流行服裝審美文化的歷史，關注各
個歷史時期的流行服裝，及其表徵的流行文化產生和演變的趨
勢，總結各種流行服裝變遷的歷史規律，並概括出其中審美變更
的基本規律，對各種流行服裝背後蘊含的文化內涵和社會心理內
涵進行深入剖析。筆者從自己的知識結構和文化認知出發，寫出
具有獨特的文化敘述與詮釋風格的美學史。[4]這種寫作方式不僅
讓美學思想依然作為美學史的重要認知內容，而且讓美學思想在
文化認知的邏輯結構中綻放出新的意義，實現了思想認知與文化
認知的高度統一，整體性地將中國美學史由過去的依從於意識形
態或抽象美學命題的建構方式，提升到了將中國美學史與世界文
化和世界美學比肩而視的高度，完整而深刻地論證闡發了中國美
學史的歷史進程與文化發展本質。[5]此一路徑不僅標示了未來中

國美學史著重創造性的「自己講述自己」的學術品格，而且也預
示了與國際美學在文化詮釋方面可實現深層接軌的開闊前景。

◆ 註釋

[1]馬建輝：〈馬克思的生活論思想與當前文藝學、美學生活論轉向〉，長春：《文
藝爭鳴》，2011年1期，第15頁。

[2]趙建軍：〈思想與文化：中國美學史研究的認知邏輯──30年中國美學史研究的
回顧與總結〉，吉首：《吉首大學學報》，2011年1期，第27頁。

[3]劉志琴：〈青史有待墾天荒──試論社會文化史研究的崛起〉，北京：《史學理
論研究》，1999年3期。

[4]趙建軍：〈思想與文化：中國美學史研究的認知邏輯──30年中國美學史研究的
回顧與總結〉，吉首：《吉首大學學報》，2011年1期，第27頁。

[5]趙建軍：〈思想與文化：中國美學史研究的認知邏輯──30年中國美學史研究的
回顧與總結〉，吉首：《吉首大學學報》，2011年1期，第27頁。

目次

第一章　旗袍與滿漢融合

第一節　旗袍的產生及發展

旗袍滿語稱「衣介」，它的起源可以追溯到17世紀。[1]「旗」是指旗人，清太祖努爾哈赤統帥千軍萬馬，馳騁疆場，統一了女真各個部落，設立了軍中的黃、白、紅、藍四正旗，入關後又增添了鑲黃、鑲白、鑲紅、鑲藍四鑲旗，稱作「八旗」，以此來區分和統馭所屬軍民。滿族人都是八旗子弟。「袍」是指裁剪一體式的連身長褂。「旗人」穿的「袍」就是「旗袍」。

順治元年（1644年），清世祖入關定都北京，統一了全國，隨著政權的穩定，開始強制實行服制改革，規定無論男女都要著袍。滿清統治者強迫漢族人改裝易服穿旗袍，引起不少漢族人的激烈反對，無數的漢族人因此人頭落地，有的地方漢族人與統治者為易服而形成了「生降死不降，男降女不降」（男性在活著的時候，穿著滿清旗人的服裝，而死了入殮的時候，穿著的壽衣則是明朝的服裝。男子必須穿著滿清的服裝，而女性則可以穿著明朝的服裝。）的對立局面。為此順治11年，清政府不得不接受了漢人「十從十不從」的建議，其結果為漢族男人穿長袍馬褂，漢族女子可以繼續穿著顯示本民族特色的上襖下裙。因此從清前期

到中期，在愛新覺羅氏當政的近300年中，旗人女子著裝與漢族女子著裝一直保持著涇渭分明的界限。[2]

清朝中後期，旗袍開始由宮廷傳入民間，首先是北京、天津一帶的婦女競相穿著，然後逐漸往南方流行。[3]旗袍所選用的衣料大都是綢緞。清代中期，女袍袖子逐漸加寬至30到35釐米，稱「喇叭袖」；[4]後期的袖子變得更加寬肥，出現了大挽袖，套花袖等款式。總之，旗袍的袖子歷經了由窄到寬的演變。領型經歷了由圓領到較低的立領，再到後期的「元寶領」的改變。「元寶領」最早是北京四馬路長三堂子中的倌人發明的。「元寶領」因領子正面看上去形似元寶而得名。領襯很硬，可蓋住腮幫甚至可以碰到耳朵，最高可達7寸，它以適宜的角度，斜斜地切過兩腮，不是瓜子臉也變成了瓜子臉，因此很受清末女子的歡迎。

清初，旗袍風格樸素自然，到了清末，旗袍極盡奢華。注重細節裝飾，色彩艷麗，對比度高，圖案複雜。到了咸豐、同治年間，袍服裝飾的繁複程度幾至登峰造極的境地。在旗袍的領、袖、襟、裾的邊沿部位都採用寬圖案花邊鑲滾。鑲邊最初是為了增加衣服的耐磨度，可清中期後，鑲邊的裝飾功能替代了實用功能，鑲滾嵌繡甚至可以覆蓋整件衣服，以至於原來的衣服幾乎都看不清。有的還用不同顏色的珠寶盤製成各種花朵，用剪刀挖空花邊，鏤出各種花紋。[5]

1911年辛亥革命爆發後，舊式旗袍逐漸被摒棄，新式旗袍則在亂世妝扮中開始醞釀。1918年，從知識界傳出了服裝要返璞歸真的疾呼，提出「男子去長衫，女子去裙子」的口號，「文明新裝」由此誕生。上衣為腰身窄小的大襟衫襖，衣長不過臀，袖短

及肘或是喇叭形的露腕7分袖，衣擺多為圓弧形，略有紋飾；與之相配的裙，初為黑色長裙，裙長及踝，後漸縮至小腿上部。這種裝束由上海、北京兩地的留日女學生和教會中的女學生最先倡導，之後蔓延至知識界女性，不久連家庭婦女，以至於社會名流，青樓女子等人紛扮作女學生模樣。不少學校還將它定為女生校服，所以這種「文明新裝」也被稱為「文明學生裝」。「文明新裝」與傳統旗袍比較來看服制變化不大，基本沿襲傳統款型，同時採用吸腰、裝袖和有省道的西式結構。[6]

　　20世紀20年代至30年代中葉，時裝流行中心已由蘇州、揚州移至上海。20年代初旗袍馬甲在上海出現並開始漸漸流行，這是一種在短襖外加罩一件長馬甲，以取代長裙的款式，這是海派旗袍的雛形。1926年，上海女性率先穿起了改良的馬甲旗袍，它將無袖的長馬甲與短襖合為一體，袖子改成倒大袖的樣式，省去了上身的重疊部分，一身寬鬆，線條平直，下擺至腳踝或小腿處。領、襟、擺等部位做鑲滾裝飾。這種旗袍與「文明新裝」的造型非常接近，只是在上下裝結構上存在分與合的差異。[7]上海為近代旗袍的普及做了諸多貢獻，旗袍可以在新新、永安和安施等百貨公司直接選購。2007年6月8日，海派旗袍製作工藝被列入上海市非物質文化遺產。1929年，國民政府頒布了服飾制度條例，規定旗袍為「齊領，前襟右掩，長至膝與踝中點，與褲下端齊，倒大袖，袖長至肘與手脈中點，色藍，紐扣六，」此時旗袍開始收腰，條例確定了典型的旗袍式樣，在世風觀念的導向上給予新興著裝方式以肯定。[8]

　　20世紀30、40年代是旗袍走向成熟的經典時期。30年代中

期，旗袍長度加長，高開衩，腰身緊繃貼體。由於高跟鞋流行，這種「掃地旗袍」成為30年代中期的主要趨勢。30年代後期出現了改良旗袍，人們參照洋服連衣裙的造型方法，使得旗袍也出現了胸省和腰省，讓女性纖細的腰身襯托著高聳的乳房，同時出現了肩縫和裝袖，使旗袍的肩部和腋下造型更加貼身。墊肩獲得了廣泛的使用。[9]改良旗袍的出現，使玲瓏有致的女性美成為一種社會時尚。

張愛玲在其〈更衣記〉裡，精闢地指出了服裝與社會思潮的關係：「時裝的日新月異並不一定表現活潑的精神與新穎的思想。恰巧相反，它可以代表呆滯；由於其他活動範圍內的失敗，所有的創造力都流入衣服的區域裡去，在政治混亂期間，人們沒有能力改良，他們只能夠創造貼身的環境——那就是衣服，我們個人住在個人的衣服裡」。[10]1945年抗戰勝利後，舊上海的奢華達到頂峰，考究華美的旗袍再度盛行，各種考究的滾鑲也捲土重來，當時其他時髦服裝能用的配件，旗袍幾乎都做了嘗試，在布料上廣泛採用鏤空、花邊、珠片、亮片等做裝飾。旗袍外加披風，披肩，戴西式的帽子等等，也成了時興的裝扮。西式服裝的另一種重要構件——拉鍊，自40年代中期，也開始在旗袍上使用。[11]

40年代末期，海派旗袍已經基本普及了，它一直是中國城市女性和鄉村知識階層女性著裝的基本形制。由於物資匱乏，此時旗袍更具功能性，一改旗袍奢華、艷麗、嫵媚的特質，轉而流行簡潔、質樸之風，領高減低，袍身縮短，取消了袖子。1950年7月，上海召開第一次文代會，與會者都是男著中山裝，女著列寧

服，只有獨坐於後排的張愛玲穿著一件深灰色的旗袍，外面罩了一件白色的網眼絨線衫，「眾芳搖落獨暄妍」，在一片中山裝和列寧服中，分外地顯眼，也分外地格格不入，這大概就是旗袍的絕唱了。[12]50年代中後期，受意識形態導向變化的影響，旗袍被歸為資產階級生活方式而遭唾棄並迅速消亡。

　　50年代和60年代旗袍的繁榮則繼續在香港譜寫著神話。在此時的西方人眼中，香港與一個並非真實存在的女人緊緊相連，這個女人就是「蘇絲黃」。「蘇絲黃」是1957年英國作家李察・梅遜（Richard Mason）在其小說《蘇絲黃的世界》（The Warld of Suzie Wong）中塑造的一名女性角色。小說描寫一位英國畫家來香港尋找繪畫靈感，在天星碼頭的渡輪上邂逅身穿旗袍的美麗妓女蘇絲黃，展開了一段白人男子與東方女子的奇異愛情歷程。穿著高開衩超短緊身旗袍的蘇絲黃，呈現出了中國女性性感、神祕和妖嬈之美，寄托了當時西方人對香港的所有想像和響往，成為香港一個重要的文化標誌。代表著上世紀香港一種獨有的東方風情，成為半個多世紀以來香港殖民地風味的符號代表。香港人在認同中華傳統的同時，對西方文化也有著相當的認同甚至羨慕。香港女性一方面感受著與西方世界完全同步的流行時尚，一方面則希望以完全不同的裝扮來吸引西方人。而「蘇絲黃」旗袍正成了既擁有中國情調，又符合西方審美心理的服裝，成為中西雙重審美關照下的混血產物。「蘇絲黃」旗袍突出三圍落差的款式特點，幾乎與50年代由迪奧（DIOR）獨裁之下的西方時尚女裝一脈相承。「蘇絲黃」旗袍及膝甚至更短的長度，則是60年代西裙超短風貌在中國旗袍上的一次嫁接應用。[13]

　　直至80年代，隨著改革開放的推行與深入，海派旗袍在中國大陸再度復興。[14]此時的旗袍以及膝的短款旗袍、齊踝的長款旗袍和無袖設計為主。進入90年代，旗袍作為民族的象徵符號，成為婚禮、聚會等重大慶典的禮服，和各種服務行業的制服。此時的款式除了冬季會選擇長袖和掃地旗袍外，夏季仍然延續了80年代的款式，但是顏色以紅色為主。

　　2001年之後旗袍以唐裝的形式出現。2001年在中國召開的APEC領導人非正式會議上，各經濟體領導人身著「唐裝」一時間引起國人的轟動和自豪，在民間也掀起了穿著唐裝的熱潮。西方國家稱海外的「中華街」為「china town」英文發音很像「唐」於是被音譯為「唐人街」。《明史・外國真臘傳》言：「唐人者，諸番（外國人）呼華人之稱也，凡海外諸國盡然。」而華僑自稱唐人，正由於自古以來唐朝是讓中國人為之驕傲的朝代，隨著絲綢之路的重新開通，東西交流進一步深入，中華文明也由此傳到歐洲。外國人進一步將華人所穿的中式服裝稱為唐裝。唐裝將傳統滿族旗人服裝中的立領、對襟、右衽、盤扣、刺繡、團龍等元素注入現代服裝中，它是由滿清旗人馬褂的服裝演化而來的，即傳統意義上的旗袍，而不是唐朝的服裝。它以立領、對襟為主要的男性款式，以立領、右衽的馬甲為主要的女性款式，以盤扣作為裝飾。

　　之後唐裝的流行逐漸被「中國風」的服裝所代替。「中國風」的服裝是以當代人的審美觀念，對傳統服裝的一些元素加以改進、提煉和運用，把傳統造型的方法與表現形式運用到當代服裝設計中來，使其在富有時代特色的同時，既體現出民族本性，

又反映出厚實的文化傳統的服裝。它是在中國傳統服飾與民族文化心理，及各種藝術相互交叉、滲透、影響之下發展起來的。由於中國是一個多民族國家，由56個民族組成，各個民族都有自己富有特色的民族服飾和文化，因此中華民族的服裝符號不應該是單一的滿族服裝，或者漢族服裝，而應該是廣泛吸收和保存各民族文化精華的文化符號。

第二節　旗袍的審美文化內涵

一、西風東漸與中為洋用

　　文明新裝的上衣是滿族的服裝式樣，右衽、元寶領和倒大袖，但是它的裙子受日本學生裙的影響，已經不是中國傳統的圍系式，而改為西式套穿。19世紀末20世紀初，隨著留學救國思潮的興起，中國出現了「留日熱潮」，一批又一批滿懷救國抱負的中國人東渡扶桑，尋求救國救民的「良方」。一時間，日本的中國留學生人數劇增，最多時竟達到8000左右。[15]在這大批留日學生中，也有一些女留學生，她們將日本女學生制服帶回了中國。中國傳統的漢族女性雖然也有裙子，但是傳統的穿著習慣是袍內配褲，或者長裙落地遮掩整個腿部，而旗袍的穿著風尚則是棄褲而穿襪甚至是裸腿。[16]所以說，文明新裝是西方服裝體系通過日本再迂迴傳到中國的結果。如果說，在古代是中國文化哺育著日本，那麼在近代，則是日本以被自己所吸納、消化了的西方文化對中國進行反哺。

　　日本女學生制服的款式受英國水手服的影響。水手服顧名

思義就是給水手穿的服裝。在1859年被英國海軍正式採用為水兵的乘船正裝。到了1864年英國維多利亞女王首開先例，把它拿來穿在幼年王子與公主的身上。當時人們覺得這樣的裝扮非常可愛，因而引起了一陣風潮。從法國開始，逐漸流行到歐洲各國。從某種層面來說，把海軍士兵的制服拿來給小孩當作衣服，是一種尚武精神的表徵。因為英國海軍是世界海軍的領導者，東亞的日本受到這種影響則是與日英同盟的建立有關。明治維新時的日本，沉溺於富國強兵的夢想之中，因此這種帶有軍事涵義的服裝也就正對日本人的胃口。明治末期到大正初期，逐漸洋裝化運動後，日本的學校陸陸續續拋棄了傳統的和服，採用德國士官服作為男學生制服。至於女學生由於沒有女兵專用的服裝，所以就借用了水手服來代替。最早是福岡女學院首先採用其作為體操服，然後逐漸變成正式的制服，接著風行全國。在戰前全日本的女學生全部都穿水手服，而根據國情，原本下半部的褲子也被修改成裙子。在這裡我們可以看到，從服裝表現上，同樣是穿著軍服，但是男女卻不相同，這是日本傳統男尊女卑的文化使然，因為制服代表權威，表達服從的意義，男學生穿著代表管理者的軍官制服，而女學生穿的卻是代表被支配的士兵制服，經由這種方式確定了整個社會秩序。女學生下半身的裙裝後來被中國留學生傳回中國成為文明新裝的裙子，在中國流行開來。[17]

　　30年代，全國時裝時尚的中心、經典旗袍的發源地上海，已經是中外文化的交匯和融合之地，更是亞洲的時裝中心。在追趕潮流感受西方文化風氣之先上，近現代中國沒有哪個城市比上海更為迫切，對女性時尚的關注也沒有哪個城市比上海更為熱情。

當時的一些時尚雜誌如《良友》、《三六九》等畫報專門辟出版面介紹國內外女裝的時尚款式和好萊塢的最新諮訊，歐美服飾的最新款式僅隔三四個月就會流行到上海來。[18]海派旗袍逐漸吸收西方的審美觀念和製衣技巧，從寬鬆直線造型向緊身曲線造型轉變，結束了中國女裝延續數千年的平面結構歷史，實現了邁向立體造型的第一步。[19]旗袍能夠恰到好處地顯現女性的曲線美，這種單純的式樣雖然不如西方裙服那麼複雜多裝飾，但卻能反映人自身的美。正因如此，旗袍獨特的審美趣味才突破了國界，被全世界所接受和讚賞。同時，旗袍與當時的連衣裙等西式裙裝在衣裳連屬的制式和衣裝搭配上也有出奇的相似，也可看出其受西方服飾潮流的影響。錦、緞、綢、綢是中國生產的絲織布料，因此製作完成的服裝，不但具有傳統文化的意韻，更體現了深邃的民族精神。旗袍之所以最終沒有淹沒在花團錦簇的時裝世界之中，一方面在於它積極地繼承了民族元素和文化底蘊，另一方面在於它借鑒了西方的流行趨勢。[20]

20世紀30年代，魯迅在《且介亭文集》中寫道，「只有民族的，才是世界的」。旗袍含蓄的曲線造型和東方格調也深深影響了國際上的服裝設計大師們，並激發了他們的創作靈感。巴黎高級女裝設計師巴倫西亞加（Balenciaga）創立的品牌「巴黎世家」就在1941年的禮服設計中加入了旗袍的元素。迪奧（DIOR）也於1957年春夏推出了一系列中國味十足的禮服。活躍於60、70年代的皮爾・卡丹（Prerre Cardin），也是一位崇尚旗袍的服裝設計大師。他曾說：「在我的晚裝設計中，有很大一部分作品的靈感來自中國的旗袍。」[21]伊夫聖羅蘭（YSL）在1977年至1978年的

秋冬高級時裝發表會中發表的「中國風」主題系列，其靈感也是源於旗袍。然而，該品牌對於東方的想象並未停止，在2004年至2005年的秋冬高級時裝發表會上，一款深紫色加上龍紋圖樣的繡花旗袍曾帶領了當時的時尚潮流。

二、民生在勤，儉節則昌

　　關於旗袍的產生有一個傳說。相傳在滿族發祥地松花江下游的黑龍江邊上鏡泊湖畔，有個村子住著一家女真人。一家三口以打漁為生。老兩口有一個心靈手巧的黑姑娘。女孩嫌原來的民族服裝幹活不俐落，就比照自己的身材，把衣服改製成了有紐袢的緊身合體兩側開衩長袍，這樣走路彎腰時再也不裹腿了。下江河捕魚時，可以把下擺往上一提別在腰帶上，袖子、褲腿往上一挽，利利索索。部落裡的婦女們，看女孩改製的衣服既好看，又適合幹活時穿著，就學她也改製起來，而且式樣也越來越多。[22]

　　有一年，皇上夢見先王告訴他，在北國故都有一位身騎土龍，頭戴平頂卷沿烏盔，手托白玉方印，身穿十二扣錦袍的姑娘，能幫他治理天下。他就派人到民間選妃。八旗姑娘都被招進渤海故都坍塌了的牆圍子裡候選。欽差突然看到黑姑娘，頭頂泥盆，手托一塊方豆腐，身穿扣袢長袍，站在一垛土牆上。黑姑娘恰好去市場給姥姥買豆腐，看這裡在選妃就站在土牆上看熱鬧。因為天很熱她就把泥盆蓋在頭上遮陽，用手托著豆腐。土牆即是土龍，頭上的泥盆就是平頂卷沿烏盔，豆腐就是玉方印，她的長袍便是十二扣錦袍，正合夢中所說，於是欽差就把她選為妃子。入宮後，皇上封黑姑娘為黑娘娘。黑娘娘想念家鄉，皇上為了安

慰她，給她拿來人參、貂皮和鹿茸東北三寶，黑娘娘想起當地百姓為了這些稀有的貢品，冒險到深山裡去採集狩獵，甚至有人因此喪命，想方設法使貢品改為人們可以隨手得到的草莓、湖鯽和菸草。黑娘娘在宮裡見山河地理裙又肥又大，行動不便也浪費布料，於是動手把裙子剪開，改制成她從前穿的那種袍子。那些嫉妒她的妃子向皇上告狀，說她有意剪斷皇上的一統江山。黑娘娘不認罪，皇上讓她離宮，她卻高興地說了一句「謝謝皇上」。皇上一聽，非常生氣，狠狠地在黑娘娘的後心上踢了一腳，黑娘娘就這樣被踢死。

民間傳說產生於人們有意識地為表達某種思想、感情和願望而進行的集體創作。它主要是以口頭敘事的方式，以跌宕多變的情節，豐滿逼真的形象，生動傳神的語言，將人們對社會的看法和人生的理解熔鑄在字裡行間。從旗袍產生的滿族傳說中可以看出，在傳統旗袍上寄予著滿族女性勤勞、節儉的美德。

勤勞節儉是中華民族的傳統美德，也是中華民族寶貴的精神財富。勤勞是人們對待勞動的態度，它要求人們熱愛勞動，積極參加勞動，用自己的雙手創造生活；節儉是人們對待個人生活慾望的態度，它要求人們節制慾望，約束自己的消費行為。《周易》中，「節以制度，不傷財，不害民。」；孔子《論語》中，「奉公以勤，律身以儉。」、「靜以修身，儉以養德。」、「歷覽前賢國與家，成由勤儉敗由奢。」；《韓非子》中，「以儉得之，以奢失之。」、「侈而惰者貧，而力而儉者富。」等語錄，集中體現了勤儉這一美德的內涵。中國歷史上先進的政治家、思想家和傑出人物，倡導勤勞節儉並身體力行的事例數不勝數。墨

翟主張「節用」、「節葬」、「非樂」，反對統治者窮奢極欲、揮霍無度的生活。漢唐時期的文景之治、貞觀之治的勤政、勤儉帶來了國力的強盛，經濟的繁榮，與前朝秦隋的窮奢極欲，殘民以逞，導致復亡形成了強烈的對比。勤勞節儉連同其他美德，在中華民族悠久的歷史長河中源遠流長，代代相傳。中華民族正是因為有了這些美德、這些傳統，才得以生息繁衍，才得以不斷發展，才能夠屹立於世界民族之林，才能使人類的精神寶庫璀璨奪目，熠熠閃光。

三、天人合一

　　裝飾是隨著人類文明的發展而產生的一種文化的存在方式，它積澱著人類生命的意志，也是人類依靠藝術方式塑造自身文化品格、展示其生命力的形式。中國傳統圖案與傳統紋飾是中國傳統美術的一個重要組成部分，是中國傳統文化的最早表現之一。既有人類審美活動的共性特徵，又有民族的個性差異，參與了中國人的審美心態的生成。[23]旗袍的裝飾圖案以自然萬物為主，常見的有荷花、牡丹、石榴、梅、蘭、竹、菊等植物圖案，龍、鳳、蝴蝶、蝙蝠等動物圖案，還有「萬」字花，福、祿、壽、喜等文字圖案。旗袍上的動植物裝飾圖案表達了傳統中國人「天人合一」的美學觀念。同時，這些圖案也都是用來象徵吉祥、喜慶的符號。如蝙蝠取音「福」，石榴取意「多子」。龍因為威武勇猛，並且多與氣候天象相聯繫，古代帝王對它神權附會，它便在文化上獲得了神聖、勇猛、吉祥的審美意義，成為吉祥圖案中長盛不衰的裝飾主題。鳳以其百鳥之王的位置，以及婉約美麗的女

性寓意，也成為吉祥圖案中的永恆題材。

　　旗袍飾物中的盤扣也叫直角扣，由紐扣和紐祥兩部分組成。盤扣是利用中國結的編製工藝，以大自然為題材，在旗袍扣位的小小面積上，進行的精工再造。[24]中國結又叫盤長結，是中國特有的民間手工編結藝術，它以其獨特的東方神韻、豐富多彩的變化，充分體現了中國人民的智慧和深厚的文化底蘊。它不僅是美的形式和巧的結構的展示，更是一種自然靈性與人文精神的表露。由於「繩」與「神」諧音，「結」與「吉」諧音。又因繩像蟠曲的蛇龍，所以中國文化在形成階段，曾經崇拜過繩子。據文字記載：「女媧引繩在泥中，舉以為人。」「結」字也是一個表示力量、和諧，充滿情感的字眼，無論是結合、結交，還是結緣，「結」給人一種團圓、親密、溫馨的美感。

　　早在舊石器時代末期，周口店山頂洞人的文化遺跡中，便發現有「骨針」的存在，簡單的結繩和縫紉技術已具雛形。《詩經》中也有關於結的記載：「親結其縭，九十其儀。」據《易・繫辭》載：「上古結繩而治，後世聖人易之以書目契。」東漢鄭玄在《周易注》中道：「結繩為記，事大，大結其繩，事小，小結其繩。」戰國屈原在《楚辭・九章・哀郢》中寫到：「心圭結而不解兮，思蹇產而不釋」。漢詩中亦有：「著以長相思，緣以結不解。以膠投漆中，誰能離別此。」晉朝的傅玄在〈青青河邊草篇〉中寫道：「夢君結同心，比翼遊北林。」唐朝孟郊在〈結愛〉中寫道：「心心復心心，結愛務在深，一度欲離別，千回結衣襟。結妾獨守志，結君早歸意。始知結衣裳，不知結心腸。坐結亦行結，結盡百年月。」中國結作為一種裝飾藝術真正始於唐

宋，到了明清，人們開始給結命名，為它賦予了更加豐富的內涵。比如，如意結代表吉祥如意，雙魚結是吉慶有餘的涵義等等，結藝在那時達到鼎盛。

中國作為文明古國，在文化、藝術與審美觀念上一直以「究天人之際」為目標，具有豐富的古典生態審美智慧，有著不同於西方美學與藝術的形態。中國傳統的裝飾圖案背後，生命繁衍、富貴康樂、去災除禍等吉祥意蘊，最初大多源於自然崇拜和宗教崇拜。美學家喬治・桑塔亞那（George Santayana）指出，戀愛激情是人的審美感情的全部內容，性不是戀愛激情的唯一實現對象，自然可以成為我們的第二情人。[25]佛洛伊德在理解人的精神活動時，把人分成三部分，即「本我」、「自我」、「超我」。「本我」最為重要，集中了人的各種本能慾望和衝動。它本著「快樂原則」行事，實現著力的擴張和性欲的滿足。但是，佛洛伊德又認識到，人生活於這個世界上，僅僅依憑本能是不行的，必須對本能有所抑制，即必須有一種「現實原則」抑制「快樂原則」。這兩種原則貫穿於人類文明的始終。文明與個人本能的喪失同步發展，文明必以犧牲本能為代價。但另一方面，文明的進步，促成人的本能潛伏在無意識層面進一步發展。人需要接受文明社會的道德規約，當人的本能衝動受到壓抑時，人們將審美情感獻給自然。在中國，「天人合一」的審美機制中的「天」是由自然升華而來的，充滿了豐富的感性色彩，富於人情味，簡直就是人的象徵。[26]

據《國語・楚語下》記載，公元前500年，楚昭王讀到《尚書・周書・呂刑》中「乃命重黎，絕地天通，罔有降格」時，產

生疑問，便向大臣觀射父詢問：「《周書》所謂重黎實使天地不通者，何也？若無然，民將能登天乎？」觀射父的回答是，所謂天地之通並不是指人真的能登天，而是指地上的人類藉助於有德能的巫覡與天上的神靈之間的交往。在原始宗教階段，神權集體共有，全體氏族成員都有與神靈發生關係的平等權利，任何人都可以在巫師的幫助下與神靈交往。隨著氏族制度的衰落、私有財產的出現和貧富的分化，開始享有特權的氏族貴族不能容忍這種現狀，而是要求天上的神靈也與地上的統治關係相適應，於是上帝神的觀念也就逐步形成，享有特權的貴族便要求壟斷與上帝相通的權利。在顓頊以前的遠古時代，有相當長的階段是天地相通、神人雜糅的，人人可以通天，人人可以與神交往。可以說，「神人交通」，就是中華天人合一觀的原始形態。[27]

　　「天人合一」的觀念在春秋戰國時代趨於成熟。「夫大人者，與天地合其德，與日月合其明，與四時合其序，與鬼神合其吉凶。先天而天弗違，後天而奉天時。」（《易傳‧文言》）中的天人合一思想，其要旨在於人與自然的協調與和諧。儒家學派的創始人孔子繼承和發揮西周初年的「以德配天」思想，強調「盡人事」以待「天命」。雖然孔子的「天命觀」還保留了西周時期神祕的「天命」思想，但「它的實質內容卻是強調『天命』的自然意義或客觀必然性意義以及社會和人的行為規範的倫理意義，注重發揮人的主觀能動作用」。[28]

　　孟子發孔子所未發，明確把「天」與「人」納入一個統一的系統中，並且從道德主體原則出發，直接以人的心性作為溝通「天」與「人」的橋梁，為實現「天人合一」尋找一條具體途

徑。他認為，「天」是最高的存在，「人」是道德主體。人性受自天而根於心，人性中包含著天性。人性與天性完全是相通的。人只要善於擴充自己心中的「善端」，就可以認識人所固有的仁義禮智的本性，同時也就認識了天的本性，「盡其心者，知其性也；知其性，則知天矣」（《孟子·盡心上》），從而提出了「盡心知性知天」的「天人合一」模式。[29]

孔子之後思又對天、人關係進行了論述。在他那裡天人相交於「誠」，由「誠」而「合一」。《中庸》曰：「誠者，天之道也。」「天地之道，可一言而盡也，其為物不貳，則其化生物不測。」把「誠」這一人間道德實踐中最篤實無妄的情感導入「天」，使之成為天化生萬物的性質。關於人，《中庸》曰：「誠者，自成也。」人的自成其性也需「誠」，「誠者，擇善而固執者也。」這樣，「為物不貳」的天之誠和「擇善而固執」的人之誠緊密相連，在這裡天人達到合一。顯見，子思的最終目的是為人間的道德修養提供價值本體的依據。孟子則把天道與人性聯繫了起來。提出「莫之為而為者，天也；莫之致而致者，命也」，「順天者昌，逆天者亡。」同時，天有道德屬性，「誠者，天之道也。」誠是天的屬性，也就是仁、義、禮、智，同時天又將這一善德給予了人。使人也具有了善的道德觀念。因此，「盡其心者，知其性也，知其性則知天矣。」（《孟子·告子上》）這就是說人之性是天所賦予的，性出於天，善端與生俱有，所以以天與性相通。孟子所謂天性相通的思想賦予了天人協調的內涵，在哲學史上產生了重大的影響。[30]

中國其他流派的哲學思想也蘊含著「天人合一」觀念。墨家

學派的墨翟既批判儒家的天命論，主張「非命」，強調人力，同時又承認「天志」，否定了「命運」之天，卻又承認了「主宰」之天。他說「天志」是人人都要無條件地服從的最高裁判者，「天之意，不可不順也」（《墨子・天志中》）。「順天意而得賞」，「反天意而得罰。」（《墨子・天志上》）

道家學派的老子主張天道自然無為。他認為人只是萬物中之一物，要想把握天道，就應「絕仁棄義」，順應自然。他說：「人法地，地法天，天法道，道法自然。」（《老子・二十五章》）有尊重客觀自然法則的思想。但他認為人在自然面前是無能為力的，所以人要順從自然命運。莊子繼承了老子的天道自然無為的思想，但他認為自然是完美的，不要人為地破壞自然常態，對抗自然的命運，人要努力做到「安時而處順」（《莊子・大師宗》），由此去追求「天地與我並生，萬物與我為一」（《莊子・齊物論》）的「逍遙」境界，實質上就是追求天人合一。[31]莊子還主張「無以人滅天」，反對人為，追求一種「天地與我並生，而萬物與我為一」（《莊子・齊物論》）的天人合一境界。「天地雖大，其化均也；萬物雖多，其治一也；人卒雖眾，其主君也。君原於德而成於天，故曰玄古之君天下，無為也，天德而已矣。」（《莊子・天地》）人間世事的治理，只不過是順應天然，無為而治罷了。

《易經》中也含有「天人合一」觀念。《周易》認為人之道與天之道是絕對一致的、和諧的，自然規律與人的規律一致，人作為認識主體，與天的關係之主要問題在於人如何做到與天相適應而不相違背。「有天地，然後萬物生焉」（《序卦傳》），由

於大自然養育了人類及萬物，所以天有德、有善、有仁，而這個「仁」就集中表現在大自然永恆的創造力之中。「生生之謂易」（《繫辭傳上》），「天地感而萬物化生」（《彖傳》），「天地之大德曰生」（《繫辭傳下》），「生」是宇宙的基本法則，普及天地萬物，生生不息，周流不斷。君子法天，將仁的精神推廣於天下，澤及萬物，達到天地萬物人我一體的境界，天、地、人合德並進，圓融無間。[32]

「天人合一」思想發展到漢代，則演變為董仲舒的「天人感應論」。董仲舒提出「天人相類」的觀點，認為人體結構與天體結構是相同的，他把人體與自然界的時令節候相比擬，認為天有四時，人有四肢，天有日月，人有耳目，由此得出，「以類合之，天人一也」（《春秋繁露·陰陽義》）的牽強附會的思想。[33]這種理論的意義在於，它指出人只有在順應「天意」時才能獲得活動的自由，才能使個體和社會得以保持其存在、變化和發展。他說：「事各順於名，名各順於天，天之際，合而為一。」（《深察名號》）「觀天人相與之際，甚可畏也！國家將有失道之敗，而天乃出災害以譴告之；不知自省，又出怪異以警懼之；尚不知變，而傷敗乃至。以此見天心之仁愛人君而欲止其亂也。」（《漢書·董仲舒傳》）這種「天人合一」重視的是國家和個體在外在活動和行為中與自然及社會相適應、合拍、協調和同一。[34]

兩宋時期，「天人合一」思想發展成為在中國古代社會中占主導地位的社會價值理論。北宋張載主張「天人一氣」，認為天地萬物都是由一氣構成，天地萬物之生滅變化即氣之聚散。程

顥認為「天人本無二，不必言合」（《河南程氏遺書》），而天人合一的基礎是仁，若能做到仁，則可以「渾然與物同體」。與程氏以「仁」來統一天人不同，朱熹主張「天人一理」。「天人一物，內外一理，流通貫徹，初無間隔。」（《語錄》）心學的代表人物陸九淵與王陽明主張「天人一心」。陸九淵認為「宇宙便是吾心，吾心便是宇宙」，「宇宙內事即己分內事，己分內事即宇宙內事」；王陽明主張「心外無理」、「心外無事」，認為「天地萬物與人原為一體，其發竅之最精處，是人心的一點靈明。」[35]

其實「天人合一」的人生境界與中國佛教文化中的「禪境」也有異曲同工之妙。「禪境」是一種隨緣任運，自然適意，一切皆真，寧靜淡遠而又生機勃勃的自由境界，一種至高的人生境界。中國的禪宗正是有感於財富、權力等慾望對人的異化而提倡回歸自我，在靜寂平淡中「明心見性」，以實現心靈的澈底解放。李澤厚也指出，禪由於「更著重在平靜如常的一般世俗生活中，特別在與大自然的交往欣賞中獲得這種愉悅感受」，「從而它比那種強烈的游動的痛苦與歡樂交響樂，似乎更為長久地保持某種牧歌的韻味」。[36]

天人合一成為多數哲學家共同採用的思維模式。這種思維模式，把宇宙人生或自然界和人類社會一切萬事萬物的發展變化，都看作相互關係、和諧、平衡的有序運動，這比較接近於系統論的思維方法，在現代也有其積極的意義。另一方面，天人合一不僅是一種思維模式，而且也是古代哲人們構造的最高理想境界，以身心與宇宙自然合一為依歸，從而得到最快樂的人生極致。藉

此來調整人際關係，以求達到和諧、平衡的健全發展。[37]這種觀念對後世的美學觀念的發展和人生理想的追求影響頗大，成為中國傳統文化中最基本的審美精神。

四、滿漢融合

滿族入關前，長期居住在東北長白山一帶。在漁獵生活中，習慣穿著一種直筒式的袍，它採用圓領口的無領設計，寬身，窄袖，袖口還留有馬蹄袖的影子，袖長齊手腕，右衽，有扣袢，衣長至腳面，下擺肥大，兩側或四面開衩。長及腳面的設計可以很好地抵禦寒冷，開衩便於騎馬打獵。這種袍服重實用、少裝飾，適應當時的環境和人們的需求，因此被男女老少普遍穿著，它是現代旗袍的雛形。[38]現代旗袍一方面採用滿族旗袍的基本款式，同時一方面又結合漢族的刺綉工藝和吉祥紋樣。滿文化是游牧文化，漢文化是漁獵農耕文化，豐富的社會實踐促使其相互碰撞、交匯與融合。

裙子在漢族傳統的等級觀念上有著重要的意義，穿裙子還是穿褲子，是區別主奴、嫡庶的關鍵，所謂：「詩禮人家，婦女一起床，便穿上了裙子，直到晚上睡覺才脫掉。……小姑娘們，十三歲起就得穿裙子。妓女是不穿裙子的，這是良家婦女與娼家的區別。」[39]同樣，嫡妻著裙，婢妾著褲，這也是正妻與小妾的區別。現代女作家林海音的小說《金鯉魚的百褶裙》中的小妾金鯉魚，一直把穿上一條象徵與大婦對等身分的百褶裙當作唯一的人生理想。以前主要是漢族婦女穿裙，滿洲貴婦除了朝裙，平時不穿裙子。晚清時期，漢滿相互影響，於是都開始穿裙子。旗袍是

袍服與裙子的合一，是滿漢融合的一種表現形態，而且裙子的等級觀念在淡化，時裝化特點在加強。

北京由於地處與華北平原、東北平原和內蒙古高原三大地區相通的特殊地帶，歷史上一直是中原農耕民族與北方游牧狩獵民族文化交流融合的一個樞紐地區。新石器時代，中原與北方民族文化就在這裡有了初步交匯。從戰國時起，就有多民族在這裡進行貿易。魏晉以後，大量少數民族在這裡定居，與漢族雜處。北京上升為全國政治中心之後，更加成為多民族文化交融和全國及中外經濟文化交流的中心。[40]

實際上中華民族就是一個崇尚國家統一的民族。從秦始皇統一了度量衡、貨幣、文字、車軌開始，就為各民族的交流融合奠定了基礎。在文化上，自西漢就「獨尊儒術」，儒學一直占據文化的統治地位，為民族融合提供了一致的文化根基。漢代昭君出塞將中原漢族文化傳播到北方。隋煬帝命令開鑿的大運河，客觀上促進了南北文化的融合，隋王朝曾有幾位公主與突厥王和親，促進了民族文化的交流與繁榮。唐朝的文成公主入藏，溝通了中原與吐蕃的關係。元帝國的蒙古王公貴族與漢族地主階級緊密結合，主動接受漢族文化，傳統的游牧經濟開始向農耕經濟過渡。明廷封蒙古族的阿拉坦汗為順義王，他們與明朝定期互市，促進了蒙漢經濟文化的繁榮。清朝是歷史上唯一淡化長城的朝代。在中華民族歷史上，無論戰爭與和平、征服與被征服，一個個顯赫的政權消亡了，然而各民族的文化藝術交融卻被後人繼承下來。世界上沒有一個民族的文化是純而又純的。一個不會吸收或拒絕吸取兄弟民族文化的民族，注定是原始的、落後的。[41]中國幾千

年的民族融合已經使各民族在血緣上相互認可，認定炎黃為共同
祖先，對外統稱中華民族。

五、女性浮出歷史地表

（一）身體的解放

　　女裝記錄了時代步伐和女性思想的脈搏，體現了女性的社會
角色和精神風貌的流變。在傳統中國社會，家庭生活幾乎是女性
生活的全部。《詩經》中的《周南‧桃夭》有雲：「桃之夭夭，
灼灼其華。之子於歸，宜其室家。」「宜其室家」是宗法社會幾
千年來對女性的價值定位和角色期待。《禮記‧禮運》雲，「男
有分，女有歸」，這裡的「歸」也指女性囿於家庭的生存狀態。
而在家庭內部，「未嫁從父，既嫁從夫，夫死從子」之類的教義
更使得女性幾乎沒有獨立的人格空間。家庭雖然是女性主要的活
動場所，但卻不是女性主宰的場所，由於受到各種內外關係的影
響，女性在家庭中依然處於被支配的地位。一直到20世紀初，女
性都完全被禁錮在家庭之中。文化記憶對於女性來說是一片難堪
的空白，女性的身體記錄著沉默的一切。

　　傳統女裝在穿著觀念上求禁的特徵是女性遭受多重束縛和壓
制的外在隱喻。女性身體要被服裝最大限度地遮蔽起來。服裝不
僅束縛了女性身體和行動的自由，也禁制了女性心靈的自由。[42]
但是，現代旗袍通過收腰、低領、窄袖、短袖、開衩等手段，使
得女性肌膚和曲線得到解放和展示，突出臀部和胸部，充分體現
東方女性嬌小玲瓏的身材，彰顯出女性健康美麗和富於魅力的正
面形象。美國著名服裝設計師肖佛爾在《服裝設計藝術》一書

中，贊嘆道：「旗袍的風格是簡練、活潑的，它的式樣更多地突出自然形體美的效果，優雅而靦腆，這比華麗、輝煌的服裝更有魅力。」[43]

（二）女性意識的覺醒

清末民初，康有為在廣州創辦不纏足會，宣傳男女平等的思想。辛亥革命時期，孫中山領導國民革命派推翻了清朝政府，廢棄了繁瑣的衣冠，逐步取消了纏足。伴隨著革命而來的思想解放與女權運動風起雲湧，舊的觀念體系被打破，新的觀念在嘗試和碰撞中開始形成。女性在追求科學、民主、自由風氣的影響下，不再甘心做男人的附屬品和家庭的犧牲品，紛紛走出家庭接受高等教育，嘗試外出工作，謀求經濟獨立，追求戀愛婚姻自由。[44]

女性自我意識的蘇醒是從認同自己的性別特徵和欣賞自己的完美身體開始的。作為社會秩序象徵的服裝，其變化也是社會變革的象徵。旗袍對於女性人體的審美表達，把飽受禮教壓制的女性置於服裝藝術的中心地位。女性將返回到自己的身體，這身體曾經被從她身上收繳去，而且更糟的是這身體成了她被壓制的原因和場所，身體被壓制的同時，呼吸和言論也就被壓制了。旗袍將歸還女性那一直被封鎖著的巨大的身體領域的同時，還將歸還她們力量、歡樂以及自由。她們以獨具魅力的身體語言衝擊傳統文本，打破一切不合理的象徵秩序。覺醒的女性意識使她們清醒地意識到擁有自己的身體只是確證自己存在的第一步，她們不僅要擁有自己的身體，更要擁有整個世界。改良旗袍穿著上的簡便性和隨意性為女性參與社交，走上工作崗位提供了方便，減輕了她們的經濟負擔，節省了其穿衣打扮的時間，也為當

時女性提供了更為寬泛的空間，來滿足她們多元化個性化的心理
需求。

（三）風情萬種

在相當長的歷史時期內，中國傳統服飾是要求克制內心情慾
的。在中國傳統的性觀念中縱欲與節欲兩種性道德觀同時並存、
交互作用。道家在肯定人欲的基礎上走了兩個極端：老莊從「全
生適性」的目的出發，主張「故常無欲」、「不可見欲」（《老
子》）的「無欲論」，楊朱則認為人生苦短，故應順乎自然，主
張任情極性的「縱欲論」；儒家承認人的自然欲求，又從建立性
秩序出發，主張「節欲論」。佛教最基本的戒律就是「五戒十
善」，「五戒」和「十善」中都有戒淫邪的規定。而在7世紀傳
入西藏的佛教密宗，則提倡男女「雙身」、「雙修」，即通過性
結合來修煉。上述種種既相矛盾，又相聯繫的性觀念，幾千年來
一直貫穿於中國人的思辨活動和現實生活中。因此在中國社會發
展的不同時期，性倫理的發展在文學中呈現出時而縱欲，時而禁
欲的特點。但是作為主流的精英文化基本上是將性的功能等同於
生殖，認為性享樂是可恥的。

同時，在男權社會中妻子從屬於丈夫，女性的身體是男性
的私有財產，所以丈夫對妻子的貞操要求特別嚴格，以保證其子
嗣是其嫡傳。直到20世紀前夕，還常發生把有私通行為的女子扒
光衣服綁上石塊沉潭的懲罰。因此，中國傳統女性的衣服一定要
嚴嚴實實地包裹好身體，並且不能突出性感的線條，抹殺女性的
性別特徵，以避免除丈夫以外的男子染指。宗法制的衛道士們將
女性的身體視為性靈完美的威脅，因為她轉移了男人對禮教的敬

畏，誘惑人類犯下未婚偷情與通奸大罪。

在兩性之間，現代服裝的審美活動同樣是以男性的審美視點作為內在視點展開的，即以一種隱蔽的男性目光來審視一切。旗袍兩側的高開衩，乃是法國藝術理論家羅蘭・巴特在《文之悅》中所推崇的「肌膚的時斷時續」的美，這隱藏的美感正體現了現代中國女性對人體美的認識和展現。在流動的高開衩間，女性的秀體若隱若現，隱所造就的未知使人產生無限的遐想，越發顯得神祕與高貴，一蘊一露，動靜之間盡顯東方女性獨有的性感。在旗袍立領的包裹中顯出一線玉頸，在合體裁剪的衣料中自然流露出女性的曲線美。同時，盤扣就像一把小鎖，鎖住了身體上的幾處禁區，但卻又明明白白地顯示著它獨特的韻致，無時不透露出女子身體的楚楚動人。旗袍中藏與露的運用，正暗合了中國畫獨有的虛實相間的美學意識。[45]旗袍是非常明確地對於禁欲主義的一種反抗，女性敢於通過自己身體的完美呈現而吸引異性的目光，是性選擇上化被動化為主動的表現。

（四）婉約美

中國古代哲學認為，「一陰一陽之謂道」，世間的萬事萬物——乾與坤、天與地、陰與陽、剛與柔等等——都存在著相反相成的二元對立關係，《易經》中亦有「地道之美貴在陰與柔，天道之美貴在陽與剛」的論述，所以陽剛之美與陰柔之美是中國審美的兩大範疇。18世紀清代文論家姚鼐更是不惜筆墨詳盡描述了陰柔美的形態，「其得於陰與柔之美者，則其文如升初日，如清風，如雲，如霞，如煙，如幽林曲澗，如淪，如漾，如珠玉之輝，如鴻鵠之鳴而入寥廓；其於人也，漻乎其如嘆，邈乎其如有

思，蓮乎其如喜，愀乎其如悲。觀其文，諷其音，則為文者之性情形狀舉以殊焉。」姚鼐的這一段論述，對中國現代美學中美的形態研究產生了巨大而直接的影響，並且成為中國現代美學理論對美的形態研究的經典理論依據之一。中華民族的心理性格趨於內向，以委婉、敦厚、深沉、清淡、含蓄為特徵。中國女性自幼受儒家思想的熏陶，崇尚一種陰柔虛靜、玄遠飄逸的氣質，並以此作為美學上的最高追求。旗袍包裹在女性凹凸有致的身體上，扭動的腰肢，款款的前行，就像水蛇舞動，柳枝飄過，古典女性的婉約、清麗、內斂和柔美一覽無餘。[46]

六、文化復興

作為中國傳統文化的符號之一，唐裝在21世紀初泛起一個漣漪實屬不易。因為我們（包括絕大多數第三世界）所言的民族文化、傳統文化無疑都是指農耕經濟下所形成的文化，而這種文化，不管是物質的，還是非物質的，無一例外都在工業化文明的進程中，在全球經濟一體化的大潮中逐漸消退。20世紀90年代開始的網絡時代，推動了新一輪全球化大潮的到來。有「第四媒體」之稱的國際互聯網對文化的全球性發展進程起著不可替代的推動作用。全球化是這個時代的重要特徵，它已經成為一種不可抗拒的歷史潮流。全球化的浪潮正在加速地從現代化的中心地帶向邊緣地帶迅速擴大，從經濟領域向政治、文化領域滲透。在這一迅猛發展過程中，西方國家特別是美國主導的經濟全球化在文化領域的滲透與擴張成為一個不爭的事實，發展中國家的文化安全受到威脅已經成為一個無法回避的現實問題。文化的全球化，

某種程度上就是西方國家的國家制度、政治理念、法律規則、哲學思想與價值觀念在世界各地的推行，原本多姿多彩、文化多元主義的世界日漸變成趨向同質化的、單一化的世界。全球化對一個國家的主流意識形態、民族傳統文化、民族精神都構成衝擊。如果一個曾經落後挨打的民族心靈裡長期深藏著對「他者」民族的「伏帖」，就會造成一個民族在思維和行為上的自蔑自貶。在西方的強勢文化面前，東方似乎失去了古老神奇的迷人光環而淪落為現代「灰姑娘」。尤其值得注意的是，當殖民主義在世界範圍內退卻，宗主國已經無力左右殖民地或半殖民地的政治事物的時候，這種西方優越意識卻並入文化的領域，通過藉助規訓的力量而日益強大起來。如果我們不能從自己深厚的傳統文明中汲取創造的營養，那不但是對千百年來建設經驗和資源的巨大浪費，也會因為失去自己的獨特優勢而成為無源之水、無本之木，因而成為外來文明的廉價勞動力、原料供應地、產品傾銷地和垃圾廠。

20世紀90年代以來，中國內地思想界最令人注目的症候之一，是以回歸傳統文化為旨歸的「新保守主義」，它成為除了「自由主義」和「新左派」之外的第三種社會思潮，[47]也即全球範圍內的文化守成主義思潮的一種表徵。它關涉到中國知識分子在全球化的浪潮中，如何反思20世紀的中國歷史與現實，如何想像中國的未來，如何重新面對中國的現代性，如何檢討自己的價值、立場，如何超越自身的局限性等諸多問題。[48]80年代，隨著蘇聯的解體和東歐社會主義國家的劇變，一個意識形態對抗的時代終結。在「歷史終結」的背後，被否定、無視乃至宣判死刑的

是曾經在極為廣闊的世界範圍內所進行的社會主義實踐，是幾代人為之奮鬥的社會主義運動本身所容納的極為豐富的意義，是人類探索歷史發展的多種可能性，遙相呼應的還有對革命和左翼社會運動的祛魅。在「歷史終結」處，人們回望歷史得出的結論卻是「告別革命」和尋找被革命壓抑的「人性」，抑或是被革命壓抑的「現代性」。[49]在告別革命的姿態下，重新回到中國的本土文化、回到傳統之中成為某種應然的選擇。一批新啟蒙的著名人物，紛紛從對五四精神的承續，對以儒家為代表的傳統文化的批判轉向對五四精神的反思，對傳統文化的推崇。曾經在80年代提出「啟蒙與救亡的雙重變奏」的李澤厚，在90年代也發出「新儒學的隔世迴響」。[50]也正是從90年代開始，對傳統文化意義上的中國鏡像的呼喚變得極為熾熱。在所謂「新儒學」、「國學」的勃興中，再加上港臺乃至海外新儒家們的推波助瀾，對傳統的傾慕逐漸衍變成一股聲勢浩大的社會文化思潮。[51]但是，到底這個傳統文化是什麼，卻又語焉不詳。似乎它可以不言自明的存在，卻只是一個空洞的能指。實際上，中國傳統文化並非鐵板一塊，並不能簡單的等同於「儒學」與「國學」。其內部的複雜與矛盾，歷史演變的千迴百轉，良莠的交疊與耦合，都不是簡單而熱切的「回歸」就可以解決的。[52]

　　這股新保守主義文化思潮，實際上與德國社會學家馬克斯・韋伯所提出的，新教倫理催生強有力的資本主義精神這個命題密切相關。不過，當韋伯分析以儒家文化為基礎的中國古代社會結構時，卻認為，中國之所以沒有發展出西方那樣的資本主義經濟形態，是因為儒家文化所產生的內在阻力沒有形成特定的經濟倫

理。[53]然而吊詭的是，當韋伯命題作為一種西方理論旅行到中國時，它一再地被借用，同時卻又被顛覆。與韋伯命題密切相關的是部分中國知識分子對一個文化意義上的東亞共同體的想像，維繫這個共同體的文化被想像成中國傳統文化中的儒家文化。東亞經濟的強勁增長，被認為得力於儒家文化所產生的經濟倫理。東亞部分國家和地區以經濟騰飛為標誌的現代化的成功被視為「儒教資本主義」的勝利。[54]正是儒家倫理被解讀為在整個東亞經濟騰飛中起到了如同新教倫理在資本主義發展中所起的那種重要作用，對儒家文化的重新建構抑或對其意義的重新發掘與塑造變成了一項極為迫切的任務。[55]中國傳統文化似乎成了部分中國知識分子彰顯自我身分的彩妝華服。正是在全球化的語境中，西方才從第三世界特有而古老的彩妝華服——唐裝中認定了他者的存在。

同時，唐裝作為一種物質製品的文化形式，之所以能在這一兩年流行，是因2001年，中國男子足球隊衝出亞洲，北京申辦2008年奧運會成功和中國加入WTO，使中國進一步走向世界，擴大了中國的國際影響，極大地增強了人們的民族自信心。政治和經濟的變化，使中國人民在走向世界的過程中，急於要尋找一種能夠代表民族特色的東西來顯示自己民族獨特的存在方式。恰在這時，APEC會議在上海召開，提供了這種展示民族性的機會。國家領導人以身穿唐裝來體現這次會議的地域性和民族性，使唐裝自然而然地成了體現中華民族民族性的一種文化符號。

在全球化時代，國家的威望與聲譽與這個國家的國際形象有密切的聯繫，國際形象的根基是自己的文明，塑造國際形象需要在各種場合充分張揚中華文明的底蘊。唐裝是中國人充滿文化

自信的審美復甦，我們欲借自己的身體和民族服飾講述自身的文化魅力。唐裝可以弘揚民族歷史文化和民族精神，拓展中華民族的文化影響力。唐裝的流行意味著幾千年的中華文化終要重放異彩，是中華文明復興的一種徵兆。唐裝所蘊含的深厚的民族文化底蘊，使人有一種溫暖、懷舊的感覺，使國人獲得民族情感的培養，感受到作為東方龍中國人的無比自豪感。唐裝可以成為中華民族身分的標識和民族認同的象徵，唐裝的流行意味著民族意識的覺醒，同時也是在全球化的趨勢中，失落了自己的文化特色的中國人迫切的想找回自己民族的東西的集體焦慮的表現。

七、一抹「中國紅」

　　色彩作為一種符號應用，在數萬年前的原始宗教儀式中就已出現，歷經了不同的社會形態、地域、民族與行業的發展，直到現代社會，色彩符號的應用仍然極為廣泛。青、白、黑、赤、黃五色是中國傳統色彩的基礎和正統。「五色」一詞最早見於先秦《尚書》。[56]從「女媧煉五色石以補蒼天」的神話時代，中國就開始有了五色信仰。中國在周代就建立了以宇宙時空變化為基礎的色彩象徵體系，將白、青（藍）、黑、赤（紅）、黃「五色」作為五行說的金、木、水、火、土對應的色彩，對應的五行方位是西、東、北、南、中央，五種元素在天上形成金星、木星、水星、火星、土星五星，在人世就是仁、義、禮、智、信五種德性。在五色中，青為首，白為本，黑為終，赤為榮，黃為主。[57]道家推崇黑色，儒家推崇紅色，佛教推崇白色。[58]五色表達了中國人的文化屬性、倫理哲學和思想情感。漢代顏料研發技術的

發展和中醫學理論的建立促進了中國的五色崇拜向五色審美轉化。[59]至唐宋時期最終形成了中華特有的五色審美觀。至今，五色審美仍鮮活地存在於廣大民間，甚至存活在所有旅居海外的華夏子民心中。[60]

五色中的紅色是最初的顏色，紅色是人們最早命名的顏色。紅色的象徵意義受到血液和太陽兩個基本經驗的影響。在很多文化裡，血與靈魂等同，血祭普遍存在於所有早期的宗教和巫術中，為了取悅神靈，人們不僅拿動物的血祭奠神靈，兒童和少女的血液更是倍受推崇的獻祭品。同時，血液還被賦予了種種神奇的治療功能，在魯迅的小說《藥》中，「人血饅頭」被認為可以治療華小栓的肺結核。在民間小孩頭戴的紅帽子，外包的紅襁褓，身穿的紅肚兜，都是為了防止魔鬼奪取孩子的生命。紅色在中國古代被視為辟邪、怯獸、護身的首要保護色。紅色還來源於太陽崇拜。《禮記‧檀弓上》雲：「周人尚赤，大事斂用日出。」古代人還將太陽稱作「赤烏」。紅色還使人聯想到火，南方的天帝炎帝，屬火，主夏，又稱赤帝。另外，「女紅」、「紅顏」、「紅娘」、「紅樓」、「紅袖」、「紅妝」、「紅粉」等詞都表明紅色在中國還與女性有緊密的聯繫，並就此引申出了「愛情」之意，「月老牽紅線」，「紅豆相思」等傳說就是絕好的例證。同時，由於紅色使人聯想到成熟的紅色果實，所以紅色往往又是一種吉祥歡慶的象徵。在婚禮、節日的慶典上到處都可以看到紅色。紅色的新娘禮服、紅色的蓋頭、紅包、紅色的鞭炮、紅色的對聯和福字、紅色的燈籠、紅色的剪紙等等。

考古學家在北京周口店龍骨山的山頂洞中發現了一萬八千

年前的人骨化石、石器、骨角器和穿孔飾品，這些飾品上都有用赤鐵礦粉染上的紅色痕跡，據推斷原始人用赤鐵礦粉染過的帶子將那些飾品穿在一起，運用紅色來驅邪祈福，表明紅色在原始人的心裡已經具有神祕的力量。夏朝的統治者崇尚青色，商朝的統治者崇尚白色，周朝的統治者崇尚紅色，秦朝的統治者崇尚黑色，西漢的統治者崇尚黃色，東漢的統治者崇尚紅色。[61]隋朝崇尚青色，唐代用色五彩繽紛，到宋代又喜好青色，元代喜用金、銀色，清代用色複雜。[62]可見，在中國歷史上並不是一直就崇尚紅色。

紅色也不是從當代才開始與中華民族和中國聯繫起來的。將中國稱為「赤縣」最早見於《史記·孟子荀卿列傳》，[63]後來李白〈贈宣州趙太守悅〉一詩歌中也有：「赤縣聞雷聲，強項聞至尊」的詩句。[64]從筆者所查詢的中國知網中各個期刊發表的文章情況來看，最早提到「中國紅」一詞的是在2001年，這個詞是在特殊的全球化背景下產生的。21世紀的世界已經成為一個互動的網絡，中國也必然是這張網中的一個部分，與世界建立起了一種密不可分的關係，在政治、經濟和文化諸方面和世界進行著全方位的碰撞和交流。「中國紅」概念的提出既與中國固有的尚紅的文化習俗有關，也與國際上其他國家對中國的體認有關係。

作為中國文化輸出的傑出代表，導演張藝謀鍾情於用色彩來講述古老的中國文化與現代電影的複雜交融。紅色是攝影師出身的張藝謀電影的主色調，在他的電影作品中，對紅色有著刻意的追求，紅象徵著生命的動力和不可抗拒的情慾。張藝謀也說「我對紅色有一種偏愛，然後我又反過來去表現這種紅色。」1987年

出品的《紅高粱》中，紅艷艷的轎子、蓋頭和衣褲裡包裹的是九兒原始張揚的情慾，紅烈的高粱酒裡釀造的是不屈的民族精神。此片獲得第38屆西柏林國際電影節最佳故事片金熊獎，第5屆津巴布韋國際電影節最佳影片獎、最佳導演獎、故事片真實新穎獎，第35屆悉尼國際電影節電影評論獎，摩洛哥第1屆馬拉卡什國際電影電視節導演大阿特拉斯金獎，第16屆布魯塞爾國際電影節廣播電臺青年聽眾評委會最佳影片獎，法國第5屆蒙彼利埃國際電影節銀熊貓獎，民主德國電影家協會評委會提名獎，古巴年度發行電影最佳故事片獎。1991年上映的《大紅燈籠高高掛》中的「紅燈籠」既是妻妾爭寵中男性對女性性占有的標誌，也是父權宗法制倫理道德的標籤。此片獲義大利第48屆威尼斯國際電影節銀獅獎，國際影評人協會大獎，天主教影評人協會大獎，金格利造型特別獎，艾維拉諾塔莉特別獎，1992年獲義大利全國奧斯卡獎（大衛獎）最佳外語片大獎，義大利米蘭電影協會觀眾評議年度外語片第一名大獎，英國全國電影奧斯卡獎最佳外語片獎，美國第64屆奧斯卡金像獎最佳外語片提名。在《我的父親母親》中，父親的黑棉襖與母親的紅棉襖形成鮮明的對比，紅棉襖襯托出母親的純情無邪與絢麗動人。《菊豆》紅色的小肚兜挑動了楊天青的欲火，紅染池是他們第一次偷情的地方，紅染布的上下翻飛淋漓盡致地渲染了男女性愛如火山噴發般地不可壓抑之勢。《秋菊打官司》中「紅辣椒點綴著塵土飛揚的黃土地」，反映了下層民眾的生活原態，隱喻了民間躍動的執拗靈魂。《古今大戰秦俑情》中整個銀幕都被大火燒成灼人的「火海」，象徵著毫無人性的暴君對平凡愛情的毀滅。這些獎項表明張藝謀的作品在國

際上產生了巨大的影響。在這些文化輸出的電影中,紅色成為一種象徵符號深刻地印在國際友人的心中,為「中國紅」概念的形成起到了推波助瀾的作用。

20世紀50年代,中國人的衣櫥裡,綠、藍、黑、灰占有絕對的統治地位,當時西方人形容中國人為「藍螞蟻」,將北京稱作灰色的「世界的農村」。80年代中期後,隨著中國對外開放政策的進一步推行,西方文化與港臺時尚以迅雷不及掩耳的速度直入中國,大膽絢爛的色彩被運用到服裝上。自長春電影製片廠出品的電影《街上流行紅裙子》開始,電影明星姜黎黎和趙靜在整個華夏大地上掀起了紅裙子熱。紅色自此重新回到了人們的服飾生活中。同時,對「中國紅」概念的形成起到了重要推動作用的就是20世紀90年代中後期人們在節日和婚禮等各種慶典中所穿著的紅色旗袍,以及在各種高級酒店中服務人員穿著的作為中國符號象徵的紅色旗袍制服。於是,在外國人的觀念中將紅色與中國聯繫起來,於2000年後最終形成了「中國紅」概念。

◆ 註釋

[1]陳瑜：〈百年搖曳的「雙順」旗袍〉，北京：《現代企業文化》，2010年11期。

[2][美]Kally：〈中國旗袍的花樣年華〉，昆明：《青年與社會》，2007年12期。

[3]肖宇強、房寬峻：〈旗袍—符號—創新〉，北京：《藝術與設計》，2008年6期，第183頁。

[4]袁杰英：《中國旗袍》，北京：中國紡織出版社，2000年，第32頁。

[5]陳禮玲、吳志明：〈傳統旗袍結構設計和工藝研究〉，北京：《藝術與設計》，2010年4期。

[6]許星、廖軍：《中國服飾百年》，上海：上海文化出版社，2009年，第95頁。

[7]莊立新：〈「海派旗袍」造型與結構的變遷〉，杭州：《絲綢》，2008年9期，第50頁。

[8]刑聲遠：〈旗袍的起源與發展〉，杭州：《浙江紡織服裝職業技術學院學報》，2006年4期，第42頁。

[9]戴思平：〈透析香港歷史博物館傳統旗袍展〉，上海：《上海絲綢》，2010年3期，第20頁。

[10]杭間：《手藝的思想》，濟南：山東畫報出版社，2001年，第81～82頁。

[11][美]Kally：〈中國旗袍的花樣年華〉，昆明：《青年與社會》，2007年12期。

[12][美]Kally：〈中國旗袍的花樣年華〉，昆明：《青年與社會》，2007年12期。

[13]劉瑜：〈殖民土壤中的混血產物——香港的蘇絲黃旗袍〉，北京：《裝飾》，2010年1期，第115頁。

[14]莊立新：〈「海派旗袍」造型與結構的變遷〉，杭州：《絲綢》，2008年9期，第50頁。

[15][日]實藤惠秀：《中國人留學日本史》，北京：三聯書店，1983年，第1頁。

[16]卞向陽：〈論旗袍的流行起源〉，北京：《裝飾》，2003年第11期。

[17]〈水手服〉，http://www.hudong.co，2010年6月28日。

[18]包銘新：《近代中國女裝實錄》，上海：東華大學出版社，2004年，第756頁。

[19]包銘新：《近代中國女裝實錄》，上海：東華大學出版社，2004年，第756頁。

[20]梁萍、陳斯雅：〈旗袍發展演變的文化傳播學視角解讀〉，福州：《東南傳播》，2010年第5期。

[21]梁萍、陳斯雅：〈旗袍發展演變的文化傳播學視角解讀〉，福州：《東南傳播》，2010年第5期。

[22]關雲德：〈旗袍的由來〉，丹東：《滿族文學》，2007年3期。

[23]徐曉燕：〈美的歷程——中國傳統圖案中的審美思想〉，鄭州：《美與時代》，2008年第4期。

[24]王紅：〈論傳統旗袍文化與現代時裝〉，濰坊：《山東紡織經濟》，2008年第6期，第6頁。

[25][美]喬治·桑塔亞那（George Santayana）：《美感——美學大綱》，繆靈珠翻譯，北京：中國社會科學出版社，1982年，第40頁。

[26]鄧曉芒、易中天：《黃與藍的交響——中西美學比較論》，北京：人民文學出版社，1999年，第52頁。

[27]侯宏堂：〈「天人合一」觀早期發生歷程〉，安慶：《安慶師範學院學報》，2000年第5期，第78頁。

[28] 趙吉惠：《21世紀儒學研究的新拓展》，北京：社會科學文獻出版社，2004年，第25頁。

[29] 金維克：〈論中國傳統文化的「天人合一」境界〉，哈爾濱：《理論探討》，2000年第5期，第47頁。

[30] 吳忠海：〈從「天人合一」看中國傳統文化的價值取向〉，濟南：《齊魯學刊》，1999年第2期，第10頁。

[31] 劉永莉、明鳳：〈儒學「天人合一」哲學思想及其現代意義〉，濟南：《山東工業大學學報》，2000年第3期，第54頁。

[32] 康學偉：〈論《周易》的「天人合一」思想〉，長春：《社會科學戰線》，2008年第4期，第29頁。

[33] 吳忠海：〈從「天人合一」看中國傳統文化的價值取向〉，濟南：《齊魯學刊》，1999年第2期，第10頁。

[34] 郭明俊、李雲：〈論中國古代「天人合一」思想及其現代意義〉，榆林：《榆林高等專科學校學報》，1999年第3期，第17頁。

[35] 郭明俊、李雲：〈論中國古代「天人合一」思想及其現代意義〉，榆林：《榆林高等專科學校學報》，1999年第3期，第17頁。

[36] 皮朝綱：〈關於禪宗美學的邏輯起點、研究對象與理論範式的思考〉，成都：《四川師範大學學報》，1999年第3期，第25頁。

[37] 郭明俊、李雲：〈論中國古代「天人合一」思想及其現代意義〉，榆林：《榆林高等專科學校學報》，1999年第3期，第17頁。

[38] 范康寧：〈淺析旗袍的發展與演變〉，瀋陽：《美術大觀》，2010年10期，第76頁。

[39] 曹聚仁：《上海春秋》，上海：上海人民出版社，1996年，第189頁。

[40] 張寶秀：〈北京——中原與北方民族文化融合的中心〉，北京：《北京聯合大學學報》，2000年3月，第37頁。

[41] 程旭光：〈北方游牧民族文化與中原漢文化的交匯融合〉，呼和浩特：《內蒙古師大學報》，2001年6期。

[42] 唐勇：〈從女性意識角度看旗袍的興衰〉，廣州：《華南師範大學學報》，2007年第2期，第86頁。

[43] 張春妓：〈淺述中國民族服飾——旗袍〉，寧波：《浙江紡織服裝職業技術學院學報》，2008年第3期，第40頁。

[44] 安毓英、金庚榮：《中國現代服裝史》，北京：中國輕工業出版社，1999年。

[45] 高衛紅：〈演繹東方韻律美——傳統服飾文化之旗袍〉，寧波：《寧波廣播電視大學學報》，2010年1期，第92頁。

[46] 陳曉英：〈旗袍衣身前後中無斷縫的原因淺析〉，濰坊：《山東紡織經濟》，2009年5期，第91頁。

[47] 許紀霖：〈許紀霖談當代中國的三種社會思潮〉，廣州：《開放時代》，1998年4期。

[48] 陳國恩：〈新保守主義與全球化語境中的中國現代性問題〉，《學科觀念與文學史建構》，北京：中國社會科學出版社，2012年，第185頁。

[49] 陳國恩：〈新保守主義與全球化語境中的中國現代性問題〉，《學科觀念與文學史建構》，北京：中國社會科學出版社，2012年，第187頁。

[50] 李澤厚：〈新儒學的隔世迴響〉，海口：《天涯》，1997年1期。

[51]陳國恩：〈新保守主義與全球化語境中的中國現代性問題〉，《學科觀念與文學史建構》，北京：中國社會科學出版社，2012年，第188頁。

[52]陳國恩：〈新保守主義與全球化語境中的中國現代性問題〉，《學科觀念與文學史建構》，北京：中國社會科學出版社，2012年，第190頁。

[53][德]馬克斯·韋伯：《儒教與道教》，王容芬譯，北京：商務印書館，1999年，第298～301頁。

[54]陳來：〈儒家世界與現代東亞世界〉，北京：《東方》，1994年3期。

[55]陳國恩：〈新保守主義與全球化語境中的中國現代性問題〉，《學科觀念與文學史建構》，北京：中國社會科學出版社，2012年，第192頁。

[56]彭德：《中華文化通志·美術志》，上海：上海人民出版社，1998年，第136頁。

[57]彭德：〈話說中國五色體系〉，南京：《畫刊》，2006年5期。

[58]王艷文：〈傳統五色體系及含義〉，太原：《山西煤炭管理幹部學院學報》，2010年3期。

[59]周躍西：〈略論五色審美觀在漢代的發展〉，鄭州：《中原文物》，2003年第5期，第77頁。

[60]周躍西：〈五色審美的發展歷程及相關假想〉，南寧：《藝術探索》，2003年5期。

[61]吳斌：〈「中國紅」的由來及在藝術設計中的應用〉，福州：《東南傳播》，2009年第1期，第196頁。

[62]王建輝、易學金：《中國文化知識精華》，武漢：湖北人民出版社，1991年，第393頁。

[63]財會月刊雜誌社選編：《文化生活知識寶庫》，武漢：湖北人民出版社，1993年，第1頁。

[64]易思羽：《中國符號》，南京：江蘇人民出版社，2005年，第425頁。

第二章 西裝與西方文明的表徵

第一節 西裝的誕生

在西方，一般把前門、有袖子、衣在臀圍線上下的上衣統稱為「茄克」，西裝即是茄克中的一種。西裝的款式大多為翻駁領，半收腰，左胸插袋，衣身下方左右開袋加袋蓋，單排或雙排紐扣，後開衩或兩邊開衩，下擺方裡帶圓。19世紀末，歐美人將這種上衣和長褲用同質同色的布料來做成的「套裝」稱為「外出套裝」。20世紀，這種套裝多為活躍於政治、經濟領域的白領階層穿用，故也稱作工作套裝，或實業家套裝。西裝一般是三件套，包括西裝、背心和西褲，並且，常與襯衫、領帶或領結以及禮帽、手套和皮鞋等搭配使用。

在1690年的路易十四時代，及膝的外衣「究斯特科爾」、略短的「貝斯特」，以及半截褲「克尤羅特」一起登上歷史舞臺，構成現代三件套西裝的組成形式。1789年，法國大革命中的革命者把穿著長褲「龐塔龍」作為反叛貴族階層的革命行為來看待，最初「龐塔龍」的褲長只到小腿肚，後來逐漸變長，1793年長到腳面。19世紀前半葉，「龐塔龍」的褲腿時而緊，時而松，與傳統的半截褲並存。19世紀50年代，男褲最終完成現代造型。維多

利亞時代的英國上層社會，有許多禮儀講究，夜裡的社交活動，男士必須穿著燕尾服。晚宴後，男士們可以聚在餐廳旁的休息室小憩，於是，一種寬鬆的無尾茄克就作為休息室專用服裝登上歷史舞臺，這就是「拉翁基茄克」，約產生於1848年前後。在相當長一段時間裡，這種茄克是不能登大雅之堂的，只限於休息或郊遊等休閒時穿用。19世紀後半葉，這種茄克上升為男裝中的一個重要品種。[1]

　　從西裝的誕生之初，就可以看出西裝是高度強調美感的服裝。西裝的細節裝飾使人儀態生輝，有畫龍點睛之妙。1650年法國的一位大臣上朝言事，脖子上系了一條白綢巾，並打了一個漂亮的三角結。法國路易十四見後大加讚賞，下令凡爾賽的上流人物都得效仿，這就是後來的領結。1670年至1675年間的歐洲，南斯拉夫克羅地亞輕騎兵擔任路易十四的近衛兵又叫「克拉巴特近衛兵」，他們常在脖子上系一條五顏六色的亞麻布以禦寒，巴黎的貴族覺得這種打扮新異、帥氣，爭相效仿，這就是現代領帶的始祖「克拉巴特」。19世紀的歐洲，貴族子弟為顯示自己的灑脫風度，喜歡在左領扣眼上插一朵小花，這個扣眼也叫做「俏皮眼」、「美人肯」和「花眼」。西服袖扣的產生與法國的拿破崙有一段淵源。拿破崙以注重軍容著稱於世。他手下的將軍魯彼金，能征善戰，但軍容不整，常常往袖口上抹鼻涕。拿破崙多次訓誡，但屢教不改。後來拿破崙令軍需官將軍服的袖口一律安上裝飾性的尖銅釘，使得魯彼金用袖口揩鼻涕的陋習得以糾正。日後幾經演變，尖銅釘變成了裝飾扣，也逐漸移到袖口的背面去了。墊肩的產生也有一段掌故。英王喬治一世相貌堂堂，但卻有

點「柳肩」，苦惱中他令人做了一副假肩縫於內衣上。當西裝熱席捲英倫時，服裝縫紉師將喬治一世的做法移用到西裝上，使墊肩與西裝合一。上衣袋裝手帕最先流行於美國哥倫比亞等八所高等學府。學子們著西裝時愛把手帕折成花型，邊角掩於袋內，外露一部分，稱作「愛彼褶型」，展示了一種學士風格美，這種審美風格逐漸被社會各階層人士所接受，手帕也越來越五彩繽紛，成為博雅的一種標誌。

第二節　男士西裝在中國的歷史

清代乾嘉時期，穿西裝的洋人開始在中國出現，但當時並無中國人仿效。鴉片戰爭後，洋貨傾銷中國，首先在開埠的廣州、香港出現中國人的洋式妝扮，買辦中有穿西裝的，但是士大夫們不穿西裝。19世紀末如果有人提倡「易西服」，這無疑是用夷變夏，為世俗所不容。康有為試圖說服滿族權貴實行新政，其中就有變服飾之議，其結果是收穫了一片噓聲。然而其變服飾的議題，卻被後來的革命黨人實現。中國最早赴美留學的學生們提出，「今之辮服，牽掣行動，妨礙操作，遊歷他邦，則都市騰笑。」主張剪辮易服。1881年清政府下令撤回一些留學生，其中穿西服者將獲罪。駐英公使郭嵩燾就因為避風寒，披了一件洋外衣而遭彈劾。1879年由寧波人李來義在蘇州創辦的「李順昌」西服店是中國第一間西裝店。1903年初廣西梧州中學總教習胡漢民，容許學生在「歲時令節，披洋衣揖孔孟。」民國政府時期，曾頒布禮服的服制樣式，其中就有燕尾服和西裝兩種。1947

年5月顧天雲與「榮昌祥」服裝店的王宏卿、「匯豐號」服裝店
的王繼陶等34位名店經理發起並成立了中國第一所西服工藝職業
學校──上海市私立西服工藝職業學校。顧天雲編寫了中國第一
部西服製作的專著《革新之准》。直至50年代西裝尚在少數人中
穿著。「文革」中西裝成為「封資修」的服飾，受到批判，幾乎
在中國大陸絕跡。1978年12月18日中國共產黨的十一屆三中全會
勝利召開。黨中央作出了改革開放的歷史性決策。改革開放後的
1983年，胡耀邦於中國高層領導人中第一個穿西裝，這成為培養
中國人的開放意識並向世界展示中國開放形象的一種手段。[2]西
裝是當時體現改革開放、觀念更新的一種標誌性服裝。在西方，
20世紀80年代是一個復古的年代，隨著世界經濟一度復甦，西方
傳統的服飾文化又一次受到重視。西裝的胸部放鬆，駁頭變大，
扣位降低。單件上衣與異色褲子的自由組合很受歡迎。人們在
穩重的傳統造型中追求無拘無束的休閒氣氛，受其影響1990年至
1993年，休閒西裝在中國應運而生。1992年初在全球範圍內，曾
一度流行過雙排扣西裝。[3]1996年西裝轉換為三粒或四粒扣，並
且提高了領子的位置，這樣的身形使穿著者看起來身材更加修
長，腰部的設計也更加窄小，西服後片貼近臀部，肩部都加有棉
質的厚墊肩，並已突破以往深色的模式，變得更加花哨摩登。
1997年後作為西裝三件套之一的馬甲開始成為流行的主角，此時
馬甲的穿著習慣發生了比較大的變化，以往男性習慣將襯衫掖到
褲腰裡面，而當時比較流行的穿著習慣則是襯衫的邊緣長過馬甲
之外。21世紀的中國男士西裝已經劃分為禮服、職業裝和休閒裝
三大類別，西裝的功能區分進一步細化。2010年代的西裝以更加

收身和更加輕薄的窄瘦輪廓為主要的流行款式。2010年前後馬甲
的流行再次回潮。

第三節　西裝的審美文化涵義

一、西方文明的表徵

　　中國現代知識分子在對本國傳統思想文化發起強大攻擊時，
作為他們批判武器和思想資源的是，包括進化論在內的眾多而又
蕪雜的近代與現代的西方思想。這些思想不僅構成了資源與武
器，也構成了他們的價值立場、思維方式和話語方式，並進而成
為時代性的共名話語和思想旗幟。西方是世界現代化潮流的發源
地，並率先實現了現代化，由此帶來的文明優勢，使西方產生了
「西方中心論」價值觀的文化普遍主義和文化殖民主義。它將西
方看作世界和歷史的本質，是主體性價值存在，而將非西方看作
他者存在。這種觀念逐漸為中國民族精英所接受和認同，並經過
他們的書寫和宣揚而泛化在本國社會中。現代知識分子在西方文
化的暴力性、壓迫性與先進性、示範性的雙性同構中，出於救亡
目的不得不做出如此選擇。[4]以孫中山為首的革命派發起了一場
完全捲入全世界資本主義文明潮流的深刻革命運動。他們要推翻
統治中國兩千多年的清王朝，在中國建立歐美式的資產階級共和
國，發展資本主義，實現三民主義。1919年的五四新文化運動是
現代中國復興的開始。當此中西文化融匯之際，精英知識分子在
現代性焦慮中，以啟蒙主義思想為指引，別求新聲於異邦，憑藉
自身對西方現代性的直觀感知，萌生了「科學」和「民主」的現

代性價值訴求，從而張揚西方文化的色彩。[5]

　　民主思想的傳播，激勵了人們對西方文明的嚮往，人們醉心於「天賦人權、自由平等」的理想，認為由這種理想建立的生活方式代表社會前進的方向。西裝正是在這樣的時代氛圍下傳入中國，被當時激進的青年作為接受新思想的一個象徵。宋恕認為變法「改試令，必自易西服始」。他把易西服看成更官制，改試令，設議院的前堤。20世紀初至辛亥革命前期，革命黨人也曾積極宣傳穿著西裝的好處，主張以穿西裝的形式發憤圖強。「泰西勁卒精悍無匹，桓桓赳赳……雖曰技藝精嫻，亦緣裝束輕便。」「西裝之精神，在於發憤踔厲，雄武剛健，有獨立之氣象，無奴隸之根性。」[6]人們希望通過學習西方的先進思想和科學技術，來振興中華。而衣食住行擇優選用，是生活方式現代化的趨勢。「西服東用」也就順利成章，十分自然了。

二、人體美

　　男人身體上寬下窄，站起來像一座挺拔的高山，躺下去像一條壯闊的大河，奔走時像一串滾動的驚雷。西方男性崇尚的陽剛之美，集中體現在堅硬的肌肉和粗獷的輪廓上。對男性肉體美的傾慕，源於人們對強者的崇拜，以及渴求保護的內在需求。這種窄衣文化是由居住於寒冷的高原地帶的雅利安民族帶來的，他們本是一支游牧民族，會使裹身的動物皮毛或皮革盡量合於人體曲線。於是現代服裝中的製版、裁剪和縫製技術就從這裡開始逐漸形成。[7]

　　西裝是展示男性人體美的服裝，這與中國傳統的男性審美習

慣截然不同。中西方服裝結構經過幾千年文明的沖刷和洗禮，形成了截然不同的體系。中國傳統的人體藝術追求神似與變形，後來受西方影響才建立在寫實與科學基礎之上。西方服裝結構在13世紀以前同中國服裝結構一樣屬於平面二維構成，從13世紀開始形成了立體三維的構成方式，並從此成為諸如西裝此類的西方服裝的主流結構。[8]

中國的儒家哲學孕育出的是內斂含蓄的人生觀和世界觀。「天人合一」的哲學觀念使得中國服裝在構成過程中，人被放到了第二位，人與宇宙的和諧成為表述的主體。平面的構成方式恰到好處地體現了這種美學思想。中國傳統美學對美的追求不是人的形體美，而是形而上的精神美，高尚的道德、獨立的人格、脫俗的情趣和高雅的修養是構成精神美的重要內容。

西方文化則源自地中海的北非尼羅河、西亞的兩河流域文明、愛琴文明以及南歐的古希臘、古羅馬文明，經過來自北方的日耳曼民族大遷徙而形成的。自古就崇尚人體美，甚至把肉體的完美作為生命的特性，每年都會有各種全民性的盛大集會來展示與炫耀身體的健美，由此伸延開去才漸漸有了舞蹈藝術、雕塑藝術和繪畫藝術，它們都是以身體為基本創作素材，進一步從歌頌人體美和力量出發，強化了人對自身的信念和勇氣。這種自信甚至超越了人的邊界，從古希臘諸神的雕像到基督教藝術，藝術家對於「神」的理解基本上是以人自身為參照的。但到中世紀受基督教的壓抑出現過否定人體美的時期。身體的動物性泯滅了，身體自身的能量也被凍卻，身體總是作為一個反面警告被深深地刻寫在社會的每一片肌理之中。[9]文藝復興後隨著人文主義思潮的

涌現，人性和人體美又重新復歸。文藝復興的出發點和歸宿就是
將個人從神的奴役和驅遣下解救出來，從而釋放出每個人的創造
潛力。然而意識戰勝身體的方式從笛卡爾那裡發生了變化，身體
不是被刻意地遭到壓制，而是逐漸地在一種巨大的漠視中銷聲匿
跡了。這一切，到了尼采那裡，都受到了刻薄的嘲笑。在尼采這
裡，由於權力意志構成了一切存在者的基本屬性，作為權力意志
的動物性當然就是人的存在的根本規定性。這樣，在人的定義
中，身體和動物性取代了形而上學中的理性的位置。因為尼采的
身體發現，主體（意識）哲學在20世紀50年代之後的法國成為結
構主義和後結構主義不倦的摧毀對象。結構主義者羅蘭‧巴特從
閱讀的角度將身體提到了一個至關重要的地位。他富有想像力地
將身體引進了閱讀中，在他這裡，文本字裡行間埋藏的不是「意
義」，而是「快感」，閱讀不再是人和人之間的精神交流，而是
身體和身體之間的色情遊戲。[10]當代理論對於身體爆發的興趣憑
藉的還是福柯。他決心要從身體出發來構造自己的社會理論，最
終「歷史摧毀了身體」。這樣福柯和尼采的身體儘管都占據著歷
史、政治和哲學的中心，但是，前者的中心形式是被動的，後者
則是主動的。從此歷史終於露出了它的被壓抑的一面。總之，在
西方歷史上曾出現過三次崇尚人體藝術的高峰，即古希臘古羅馬
時期，歐洲文藝復興時期和20世紀70年代至今，雖然其歷史背景
不同，但人體藝術的生命力卻顯得更加旺盛。在這種崇尚人體美
的思想傳統影響下，西方的服裝發展走上了塑形的道路，三圍立
體的造型方式突出了人的線條。

三、紳士風度與保守主義

　　辛亥革命後，隨著西方的現代文明涌進中國，當時中國的摩登人士都扔掉了長衫大褂，穿起了西裝。西裝在傳入中國後便成為能顯示穿著者高貴身價的服裝，優雅的「紳士風度」對中國人來說是全新的審美範疇。「紳士風度」是一種以和諧、均衡為原則，以雍容、文雅為表現形式的藝術品格，既是古希臘羅馬乃至新古典主義那種「高貴的單純，靜穆的偉大」藝術傳統的延續，同時也是紳士階層自身追求精緻優雅美學境界的現實結果。

　　「紳士」源於17世紀中葉的西歐，由充滿俠氣與英雄氣概的「騎士」發展而來，後在英國盛行並發展到極至。騎士精神是西方上流社會的貴族文化精神。紳士風度是英國民族文化的外化，是英國各階層在向上流社會看齊的過程中，以貴族精神為基礎，融合各階層價值觀念而成的一種全新的社會文化。早在17世紀後期，英國就開始實施「紳士教育」。它由英國教育家洛克（John Locke）提出。關於紳士風度最詳盡的論述出現在1852年約翰‧亨利‧紐曼（John Henry Neman）的《大學理念》一書中。概括起來「紳士」必須具有勇敢、正直、真誠、自由、獨立、公平、謙虛、理智、仁慈、善良等高尚的道德與行為；並且彬彬有禮，不做任何越禮之事；具有多方面的知識和開拓資本主義事業的能力；把女性作為愛和美在塵世上的代表，而加以理想化的崇拜。1900年前後，紳士風度隨著大英帝國的迅速擴張而名聞天下。[11]

　　不同時代的時尚認知不斷地發生著變化，西裝的審美內涵也在發生著變化。西裝逐漸被固定為白領階層的職業裝。在職場

穿著西裝能使男性輕易獲得可以信賴的印象，獲得周圍人的認同
感。但是由於長期穿著同一種款式的服裝，色彩也較深沉和單
一，所以辦公室男性逐漸給人一種令人厭倦的古板之感。由昆
汀・塔倫蒂諾（Quentin Tarantino）於1992年導演的美國電影《落
水狗》，吳宇森於1986年導演的香港電影《英雄本色》，這兩部
作品中的黑幫人物都身穿黑色西裝，藉以表達黑社會人物冷酷殘
忍的內涵，這是西裝古板化形象的一種深化。後來在美國，西裝
這種古板的印象又被引申到了「黑衣人」身上。穿黑色制服西裝
的黑衣人，是一群與UFO神祕事件密切相關的人員。他們具有東
方人的面孔，操著近似古板的英語，頭髮整齊、一絲不苟，動作
僵硬，表情木訥。「黑衣人」的車輛是嶄新舊式名車，通常是凱
迪拉克。在「黑衣人」出現的不同歷史時期，人們對他們的看法
根據時代背景的不同而不同，有人說他們是外星人派到地球上的
「第五縱隊」，也有人說他們是美國中央情報局的特工人員。早
在1973年，美國的《宇宙新聞》雜誌發表了一篇研究「黑衣人」
的專論，在世界上引起廣泛反響。

　　西裝這樣的審美文化內涵也是受英國保守主義思潮的影響。
追溯保守主義（Conservatism）思想的歷史，至少可以上溯到16
世紀末和17世紀初，理查德・胡克（Richard Hooker）在1594年出
版了《論教會體制的法則》一書，明確地提出了保守主義的信
念。亞里士多德、西塞羅（Marcus Tullius Cicero）、聖奧古斯丁
（Aurelius Augustinus）、聖托馬斯、阿奎那（Thomas Aquinas），
乃至大衛・休謨（David Hume）都建立起基本上屬於保守主義範
疇的政治思想體系。但是，作為一種明確的政治態度的保守主

義，是誕生在對1789年法國大革命的一片譴責之中的。埃德蒙・伯克（Edmund Burke）在1790年發表的《法國革命沉思錄》被公認為是保守主義基本原則的最純粹的淵源。英國是保守主義的發源地。從哲學淵源上說，這與英國悠久的經驗主義傳統密切相關。早在歐洲中世紀中期，英國神學中就已經出現了經驗主義之光，並最終在英國哲學中形成了重視經驗的傳統。經驗主義一方面是唯物主義的表現，它的另一極端便是哲學上的懷疑論。[12]在英國，保守主義思想的源頭有兩個，一為宗教，一為世俗。前者以理查德・胡克、愛德華・海德（Edward Hyde）、克拉蘭敦、塞繆爾・詹森（Samuel Johnson）、伯克、柯勒律治（Samuel Taylor Coleridge）和牛津運動的主要人物紅衣主教紐曼（Cardinat Newman）為代表，後者則是以哈利法克斯、波林布魯克和大衛・休謨為代表。[13]自伯克以後，宗教的一支占據了主導地位。

由柏克開創的保守主義，在不同的語境下、不同的歷史階段，擁有不同的含義，維護社會現狀和歷史傳統，反對社會重大變革是其基本主張。保守主義與貴族和資產階級等上層階級密切相關，與英國的憲政民主、代議制政府以及民眾的自治傳統密切相關。它認為社會是一個有機體，它是按照等級而組合起來的，社會領導權應該屬於素質優秀的賢人而非群眾領袖。它反對個人主義和平均主義。相信傳統與習俗，強調宗教和禮儀對社會融合的重要性，認為社會上層應該承擔保障下層民眾生活的職責。保守主義強烈地主張，由一個在法律之下行事的政府保障公民的合法權，接受代議制的政府，並對民眾參與政治有足夠的認識，最

重要的是，儘管尊重權威，保守主義卻強烈地反對一切政治、宗教以及學術的獨斷專行。正是這最後的一點，使保守主義與民主政治吻合起來，並成為捍衛西方民主制度的合法意識形態。[14]

四、中性美

　　人類社會以生殖特徵劃分性別，形成了二元化的性別秩序。人們在這種明確的體系中準確地找到了自己的性別定位，並依照標準努力規訓自己的行為，而出現在兩性秩序之外的偏離者，就會被視為異常。隨著人文主義的復興，年輕人張揚個性，反抗權威專制和世俗束縛。人性的解放使人們不想再充當被動的生物符號，二元化的性別秩序的合理性不斷遭到質疑，人們試著擺脫束縛，建立多樣化的性別類別。[15]在男女平等的時代背景下，女性已不再依賴男性，其社會角色日益雄性化，女性渴望如男人一般地具有力量，而男性似乎也難以抵禦社會的壓力，轉向陰性化，渴望如女性一般地受到保護。它代表著人們對異性性格特徵的渴望。中性美的出現正是社會文化多元，價值多元的表現，它已經成為一種世界範圍的文化現象。

　　佛洛伊德曾經提出「潛意識雙性化」的理論，闡釋了在「自戀」現象的精神分析理論中表述的，由人類後天的「繼發性自戀」心理所導致的同性戀現象，以及進而呈現的雙性化狀態。榮格提出的「阿尼瑪」和「阿尼姆斯」原型也是在「雙性同體」理論基礎上的引申。榮格認為，在人類學意義上講每個人都是雌雄雙性體，這個雙性既是生理的也是心理的。「雙性同體」作為女性主義理論，最早是由維吉尼亞‧吳爾芙（Virginia Woolf）提

出來，主要體現在女性主義文學中。後現代女性主義者埃萊娜・
西蘇對雙性同體理論又進行了重新挖掘，用來解構以男女的二元
對立為基礎的雙性同體傳統話語。[16]美國心理學家桑德拉・貝姆
（S.LBem）於1977年提出「雙性化」的概念，她指出，在一個人
身上同時具備男性與女性的興趣、能力和愛好，尤其是心理氣質
方面具備男性與女性的長處與優點。[17]

　　中性裝扮對男性和女性原本的裝束進行了變形，並沒有完全
打破人們原本的性別特徵，只是摻雜進異性裝扮的元素。中性美
不是中和之美，而是衝突之美。女性中性裝扮的主要打造手段就
是將西裝、領帶和禮帽等男裝的硬朗元素融入女性穿著。它引領
的是一種嚴謹冷酷的優雅性感，也代表著女性剛毅的一面。服裝
是性感的道具，而西裝恰恰可以強化女人的性感。男人渴望反叛
和挑戰秩序，在公共領域，西裝變體的制服往往代表著一種秩序
和權威，白領麗人的裝腔作勢只是被嚴肅的工業機器和公司政治
壓抑下的清教表現，透露著一股冷峻的壓抑之美，男人從她們的
壓抑中看到了希望，他們要冒犯，要成為扭轉乾坤的布道者，他
們要布人性之道，將她們從辦公室深抑的絕望中解救出來，於是
對於白領麗人的迷戀便成了挑戰性禁忌，從而獲得性刺激的一種
方式。中性美顛覆了傳統的女性陰柔之美，在陰柔的基礎上加入
陽剛之氣。是女權運動啟蒙下，女性意識覺醒的表現，蘊涵著女
性獨立的精神與情感。[18]

　　中性美與女權運動有著密切的聯繫。西方女權運動實際上
就是西方所進行的婦女解放運動。它與西方資產階級早期爭取人
權、反對神權，崇尚科學、反對神學，堅持理性、反對迷信的思

想啟蒙運動聯繫在一起。最早的資產階級在要求政治權利時，並未將女性包括進去，所以婦女運動最早就是爭取婦女的選舉權。[19]18世紀90年代，法國巴黎出現了一些婦女俱樂部，著名的女活動家瑪麗・戈茲（Marie Gouze）代表她的俱樂部發表了第一個〈女權宣言〉。在中國，1911年武昌起義爆發後，革命婦女紛紛參軍。1912年上海婦女創辦了女子實業。1912年孫中山下達了〈令內務部通飭各省勸禁纏足文〉，從此中國婦女纏足的惡習徹底根除。[20]相應地在服裝領域，20世紀初，女性西服裙子套裝問世。女性套裝比男性套裝更輕柔，裁剪也較貼身，以突顯女性凹凸有致的身型。

　　到了20世紀20年代前後，西方主要資本主義國家的婦女基本上爭取到了選舉權。這是西方女權運動經歷的第一次高潮。在中國，五四新文化運動時期是中國歷史轉折的新時期，通過社會各界和廣大婦女的努力，女子獲得了教育平等權，興起了女子平民教育運動；女學生自覺加入五四愛國運動中並進行英勇的鬥爭；都市知識女性開始走進社會謀求職業，爭取經濟上的獨立；並積極爭取在政治上與男子的平等地位，要求婦女參政權；要求社交公開、婚姻自決。[21]也是在1920年，加布里埃・香奈兒（Gabrielle Chanel）從男裝上取得靈感，將西裝加入女裝系列中，同時推出女裝褲子，為女裝添上一點男人味道，一改當年女性只會穿裙子的綺靡風尚。這一連串的創舉為現代時裝史帶來重大革命，最早掀起了時尚界的中性風潮。1930年代在好萊塢，瑪琳・黛德麗（Marlene Dietrich）因嗜好男裝，推動了女性追捧男士西裝的熱潮。她支持男女平等，也因此成為兩次世界大戰中婦女運動的偶

像。[22]受其影響30年代的中國也曾有女性穿男裝的風潮，中性美在中國第一次露頭。

　　新中國成立後，中國共產黨把男女平等寫進《憲法》，從而使中國婦女在政治、經濟、文化、家庭等社會各個方面的地位和權利獲得了法律保障。此外，新中國還把婦女的發展問題納入到社會主義革命和建設中來。20世紀50年代，中國和蘇聯關係非常友好，中國對蘇聯的大力支持和熱情幫助滿懷感激，又對蘇聯的社會主義建設成就心存崇拜，許多優秀的中國青年被派往蘇聯學習各種先進的技術，這一時期蘇聯流行的列寧裝也迅速流傳到中國。列寧裝因列寧在十月革命前後常穿而得名，它在西裝的基礎上改進而來，衣領為關駁兩用，通常為雙排10粒扣或者8粒扣，衣襟兩側各有一隻寬祥斜插袋，束有一條寬腰帶。列寧裝的大翻領顯得寬鬆自由，腰帶所具有的緊束功能，則讓女性的魅力線條得到了看似無意卻勝似有意的展示。穿列寧裝、留短髮是那時年輕女性的時髦打扮，看上去既樸素幹練又英姿颯爽。列寧裝携帶著革命的政治意識，悄悄接近並包裹了女性的身體。也是人們物質文化生活極端枯燥和審美情趣失落的彰顯。列寧裝風潮直至中國與蘇聯的交惡，才逐漸退潮。

　　西方女權運動的第二次高潮是在20世紀60年代。為了打破性別權利的不平等，婦女將爭取與男性平等的權利作為這個時期主要的奮鬥目標。此時，開始出現西裝配褲子的女性套裝，但這種套裝被接受為上班服飾的過程較慢。西方女權運動的第三次高潮產生於20世紀70至80年代，產生了與後現代主義思潮相應的女權（女性）主義各流派。這個時期的女性主義內部呈現多元

化發展，如第三世界的女性主義、生態女性主義、女同性戀女性主義、後現代女性主義等等。[23]70年代，女權主義者在服裝上也曾大動干戈，掀起過一陣女性穿男裝的熱潮。儘管這次風潮是伴隨著一種口號而興起的，而且很快就過去了，但仍舊給人留下了深刻的印象。在20世紀70年代的潮流史中，碧安卡‧賈格爾（Bianca Jagger）的名字最擲地有聲，這位喜愛穿著標誌性的白色套裝、活躍在政壇為和平四處奔波的強勢女人，在當年憑藉大膽豪放的作風和華麗獨特的穿衣風格，成為70年代中性風潮的絕對代言人。20世紀80年代，她告別紙醉迷金的生活，毅然從政，成為堅定的女權主義者、反戰人士。80年代的阿瑪尼（Ciorgio Armani）和範思哲（Versace）等義大利設計師再度標舉中性主義。80年代初阿瑪尼大膽地將西裝融入女裝設計中，將其身線拓寬，創造出劃時代的圓肩造型，給80年代的時裝界吹來一股輕鬆自然之風。由於這種男裝女用的思想與20年代的香奈爾有著異曲同工之妙，阿瑪尼又被稱為「80年代的香奈爾」。改良後的寬肩女裝深受職業女性的歡迎，成為整個80年代的代表風格。

　　1995年第四屆世界婦女大會在北京召開，在大會開幕式上江澤民莊嚴宣布男女平等是中國的一項基本國策。中國女性此時以更獨立的身分出現在重要的社交及商務場合，幹練俐落的西服套裝成為職業女性的共同選擇。同時，由於此時迷你裙再度成為流行服飾，套裝的裙子也有向短髮展的趨勢。2005年在超級女聲大賽中奪冠的李宇春具有帥氣、灑脫的中性之美。李宇春的颯爽英姿甚至還綻放在美國《時代周刊》的封面上，美國人將這個一夜成名的另類女生稱之為「亞洲英雄」。中性之風在中國再度

興起。2009年至2011年西裝再次成為中國女性流行的外套，這是對80年代西裝流行風潮的一次復興。西裝搭配連衣裙、搭配蓬蓬裙、搭配短褲都是當時比較時髦的穿著方式，此時的西裝更加修身，或者特別短小，亦或是長款，袖長僅僅超過肘部一點，或者是挽袖設計，露出女性美麗的腕部，剛好體現出女性的纖弱感，剛中帶柔，更索性出現了短袖西裝。2010年還出現了聳肩造型的西裝，這是對90年代的墊肩西裝的一種懷念，同時也增加了服裝的建築感，使女性看起來更加修長纖瘦。

　　中性美不只是女人的專利，也是男人追求美的表達。中性美不僅僅指女性的男性風格裝扮，還包括男性的女性風格裝扮。這些男人的性趨向大多指向女性，但是他們喜歡打扮，留長髮，梳辮子，戴耳環、項鍊，甚至會塗上唇彩，畫上眼影和眼線。這些男人內心堅強，但外表細膩精緻，顛覆了傳統男性陽剛威猛的形象。而對於中國人來說，在這方面，「韓流」的入侵作用不小。韓國男星李俊基在電影《王的男人》中的女裝扮相嬌媚撩人，征服了螢幕前的眾多觀眾，他也因此一炮走紅。他喜歡戴耳環，他也成為此時男性中性美的典型代表。2006年由他主演的電視連續劇《我的女孩》在中國熱映。2008年日本的暢銷書《「食草男」正在改變日本》掀起了一股中性美男的熱潮。2009年由韓國男星張根碩主演的電視連續劇《原來是美男》在中國熱映，畫著煙燻眼妝的張根碩迅速在中國的青年影迷中竄紅。2010年由他主演的電視連續劇《瑪麗外宿中》在中國熱映，他在劇中女生式的髮型設計再次引起風靡。此時男性中性美的特點進一步發展，男性的氣質更加接近女性，而不僅僅是造型接近女性。張根碩甜美的臉

龐，柔軟的長卷髮，纖瘦的身材，往往會使人迷惘地認為他就是女性。中性性別符號的出現，打破了身體一元化的性別特徵，將束縛於人身體之上的性別文化破壞、重構，試圖以象徵的形式在美學基礎上建立一種社會學的全新理解。[24]

　　未成年人的窄瘦輪廓是21世紀初期男性西裝的定義。年輕男性重拾盛裝傳統，頭戴禮帽，身穿四粒鈕扣的西裝外套，搭配T恤、瘦腿褲和運動鞋。此種廓型靈感來自於英國的歌手大衛・鮑威（David Bowie）和新一代披頭士皮特・多赫提（Pete Doherty）。大衛・鮑威是搖滾史上的傳奇人物。他是英國代表性的音樂家，與披頭士、皇后合唱團並列為英國20世紀最重要的搖滾明星，並在2000年被NME雜誌獲選為20世紀最具影響力的藝人。他在舞臺上炫耀的中性裝扮堪稱視覺宗師。1971年大衛・鮑威的第三張專輯《The Man Who Sold The World》引起轟動，封面上大衛・鮑威梳著長長的卷髮，腳穿黑色長靴，身穿絲緞長裙，胸口低開，只用兩枚褡扣系住，模糊了性別。1975年，大衛・鮑威出了新專輯《Young Americans》，毫無徵兆地改變了形象和音樂，他近乎180°大轉彎，梳著時髦的金髮，瘦削的身體穿著西裝革履。而皮特・多赫提是一個極具才華同時又充滿爭議性的人物。他菸酒不離手，視吸毒為創作音樂的必要元素。他們的瘦弱身材使得他的裝扮與時尚雜誌中最常出現的熱門詞彙「中性美男」相聯繫。

◆ 註釋

[1]男道：〈男人對於西服你瞭解多少？〉，http://www.menway.co，2009年3月28日。

[2]胡耀邦：〈外交上寫下濃重一筆〉，上海：《世界知識》，2005年第24期。

[3]朱偉一：〈抬人的「西裝」〉，北京：《商務周刊》，2000年3期。

[4]逄增玉：《文學現象與文學史風景》，北京：商務印書館，2011年，第346頁。

[5]張翼：〈錯位的對接:論實用科學理性與五四新文學的理論建構〉，廣州：《廣東社會科學》，2011年6期。

[6]張枏、王忍之編：《辛亥革命前十年間時論選集》第二卷下冊，上海：三聯書店，1960年。

[7]李當岐：《西洋服裝史》，北京：高等教育出版社，2005年，第64頁。

[8]吳永紅、浦海燕：〈中西方服裝結構的文化透視〉，南昌：《江西科技師範學院學報》，2009年6期，第109頁。

[9]汪民安、陳永國：〈身體轉向〉，北京：《外國文學》，2004年1期。

[10]汪民安、陳永國：〈身體轉向〉，北京：《外國文學》，2004年1期。

[11]肖群忠：〈紳士德行論〉，北京：《中國人民大學學報》，2004年4期，第91頁。

[12]王皖強：〈現代英國保守主義的嬗變〉，長春：《史學集刊》，2001年1期，第77頁。

[13]A.Quinton.The Politics of Imperfection: The Religious and Secular Traditioms of Conservative Thought from Hooker to Oakeshott. London.1978.

[14]陳曉律：〈英國式保守主義的內涵及其現代解釋〉，南京：《南京大學學報》，2001年3期，第81頁。

[15]武沛：〈徘徊於兩性之間的美——解讀當代藝術中的「中性」身體符號〉，天津：《天津美術學院學報》，2008年第4期，第28頁。

[16]武沛：〈徘徊於兩性之間的美——解讀當代藝術中的「中性」身體符號〉，天津：《天津美術學院學報》，2008年第4期，第28頁。

[17]胡燕、唐日新、張麗芳：〈近十年來的雙性化人格研究綜述——由李宇春中性之美想到的〉，長沙：《企業家天地·理論版》，2006年4期，第153頁。

[18]錢皓、周小儒：〈淺談女性服飾中的中性美〉，蘭州：《藝術研究》，2008年4期，第105頁。

[19]邵南征：〈從西方女權運動看婦女解放〉，武漢：《湖北師範學院學報》，2003年1期。

[20]張崇、田順靜：〈辛亥革命後的婦女解放運動〉，長沙：《文學界》，第169頁。

[21]鮑琴、張寅紅：〈五四新文化運動時期的女子教育與婦女解放〉，牡丹江：《牡丹江師範學院學報》，2011年2期，第58頁。

[22]馬旖旎：〈淺析中性美對流行細節的影響〉，濟南：《科技信息》，2009年31期，第316頁。

[23]邵南征：〈從西方女權運動看婦女解放〉，武漢：《湖北師範學院學報》，2003年1期。

[24]武沛：〈徘徊於兩性之間的美——解讀當代藝術中的「中性」身體符號〉，天津：《天津美術學院學報》，2008年第4期，第28頁。

第三章　中山裝與中國現代性的發生

第一節　中山裝產生的背景

一、世界服裝極簡主義風潮的影響

　　19世紀近代歐洲的服裝經歷了由重裝向輕裝的過渡，維多利亞時代的貴婦除了穿著極不科學的緊身胸衣和大撐裙外，還須穿9件衣服、7至8條裙，外出還須加一件厚重的羊毛披肩和一頂插有羽毛、花朵、絲帶及面紗的大帽子，每個女性至少要背負10磅到30磅重的衣飾。現代工業文明的到來改變了人們的生活方式、價值觀念、衣著方式乃至審美觀念，它要求人們的著裝更加輕便簡捷。

　　歷史學界將1760～1860年的經濟變革稱為第一次工業革命，而把1860～1914年的經濟變革稱為第二次工業革命。第一次工業革命的標誌是煤和蒸汽機的使用，第二次工業革命的標誌是電和內燃機的使用。至1870年發電機問世和1878年電力發動機使用以來，現代機械工業為地球上的人類迎來了一個快節奏、高效率的新時代。機械工業的大發展，無疑對服裝款式和紋樣產生了巨大的影響，且不說每日操作於機械之前的工人必須換掉以前在作坊中穿著的粗笨的日常服裝，戴上簡便的帽子，穿上合身適體的工

作服和減輕疲勞的鞋子以保證安全，就是王公貴族們的服裝也必
然地要為之大變。交通工具的改善，運動場的開闢，現代化戰場
的需要，都不允許再穿以前那樣繁瑣的服裝。整個社會生活的節
奏都由於蒸汽機的帶動而突然加快，隨之而來的，自然是對以前
寬大服裝大刀闊斧地改革。[1]

　　20世紀20年代於建築界掀起的「功能主義」，在服裝界亦表
現得頗為澈底。香奈兒（Chanel）那種極具現代感的簡潔設計就
像當時的建築設計，完全丟棄了洛可可、新藝術運動的裝飾，剩
下的就是「功能」。功能主義一詞，早在18世紀即已出現，隨著
工業革命帶來的設計史上的巨大變革而萌發。作為現代主義設計
的核心與特徵，功能主義在19世紀40年代確立了其歷史地位。其
最具影響力的口號是「形式追隨功能」。這一原則衍生出獨立的
一套審美體系——簡約主義、極簡主義……並產生了許多功能形
式完美統一的優良設計。這場重大革新同樣影響了中國服裝文化
的發展。

　　中山裝的推廣與流行，促成了中國傳統繁瑣累贅的袍式服裝
向西方簡潔大方的短式服裝的轉型，改變了中國人「交領右衽，
上衣下裳」的服式習慣，也改變了中國人對服裝的審美習慣。袍
服是中國古代服飾的主流，在商代就出現了袍服，從那時算起，
至民國年間，袍服在中華大地上演繹了3000多年的歷史。儘管袍
服式樣歷代有變化，漢代是深衣袍服，唐代為圓領缺胯袍，明
代直身，清代箭袖，但都是典型的寬身長袍，穿著者多為統治階
層、富貴人家及讀書之人，可以說袍服代表的是一種不事生產的
上層人士及文化人的清閒生活。寬衫大袍、褒衣博帶是中華民族

傳統衣飾文明的一種象徵。[2]西方服飾觀念的注入，使中國傳統服飾結構的平面化特點逐漸向歐美國家的立體化剪裁轉變，稱身適體的服飾逐漸流行開來，[3]出現了一種「有憎向來衣服寬博不便者，遂競為西服」的風氣。[4]中山裝具有西服俐落貼身的結構特點，肩部襯上墊肩，顯得平直、飽滿；胸部墊胸襯，使胸部平整、挺括；腰節處略加收攏，既不影響舒適性，又給人一種凝重幹練的美感。[5]近代服飾文化的變遷，也從一個側面映襯出西方自由、平等等諸多新觀念對傳統中國人發生的潛移默化的影響。

二、中國「現代性」的發生

「現代性」是指，啟蒙時代以來，「新的」世界體系的生成，一種持續進步的、合目的性的、不可逆轉的發展的時間觀念，一個涵蓋了政治、經濟、思想、文化、藝術等領域的包羅萬象的綜合性概念，涉及到了哲學、社會學、歷史學、心理學、文學、美學等多個學科。因此，處於啟蒙時代，橫跨文化、藝術和美學領域的中山裝必然也與中國現代性的發生有著千絲萬縷的聯繫。[6]

戰爭與現代性的關係非常密切，中國自晚清以來與西方列強的交戰，大都以失敗而告終，列強以其堅船利炮迫使中國割地、賠款、開放通商口岸、設立租界。鴉片戰爭首先迫使清王朝打開國門，被迫與西方列強進行不平等的貿易來往。在被迫打開國門的背景下，中國人見識了西方殖民主義者強大的軍事力量，看到了與之軍事、科技和經濟上的巨大差距，這促使一部分有志之士開始重新思考中國的命運。之後的甲午海戰，僅有彈丸之地的日

本又大勝清朝的海軍，給中國人以更為強烈的震撼，這種切腹之痛刺激了中國有識之士的自尊心，繼「公車上書」後，一批精英開始覺醒。他們不僅認識到了清廷的腐朽、無能，而且也認識到了西學和學習強者的重要性。[7]

在現代化的進程中，政治事件也發揮著非常重要的作用，它決定了基本的制度安排和政治生態，規定了各階層的社會地位和命運。維新變法是在有遠見的知識分子的推動下，在君主專制政體內部進行的一次自我改良，但是，由於保守勢力過於強大，這次改良最終流於失敗。儘管如此，它仍然反映了一批先進知識分子爭取國家獨立、民族富強的要求，客觀上反映了清政府內憂外患、難以為繼的危機。革命派洞察到了改良的局限，在孫中山的領導下，以暴力革命的形式推翻了清王朝，建立了中華民國。[8]

隨著中國現代化的展開，中國文化也發生了深刻的變革，逐漸由傳統文化向現代文化轉變。儒家思想一直在官方意識形態領域占據著正統地位，乃是中國傳統文化的思想主流，它脫胎於傳統農業文明，其封閉和保守等缺陷已經很難適應現代化的發展，喪失了繼續發展的內在動力。中外文化的接觸與碰撞，加速了中國文化的現代轉型。洋務運動是清朝第一次大規模引進西方科技的自我拯救運動，目的是藉助資本主義的先進技術維護其統治。它客觀上起到了開闊國人視野、培養先進人才的作用；當時醞釀的「中體西用」，起到了傳播西學、動搖守舊思想，推動中國政治現代化進程的作用。[9]洋務運動折射出，中國要現代化就必須在發展生產力時，進行生產關係各方面的改革，尤其是建立在生產關係基礎之上的政治思想文化和教育制度的改革，同時提高國

民素質，樹立國民獨立自主、自立更生、奮發進取、勇於吸收外國一切先進文明為我服務的思想。之後的五四新文化運動「追求民主、崇尚科學」，提倡懷疑一切、重估一切價值，大膽地否定了以儒家為核心的宗法制父權倫理道德和吃人的禮教，為新思潮的傳播開闢了道路。[10]

中國社會由千百年的宗法制社會進入現代社會，是由外部力量進行推動的，兩種社會形態的轉化是遽然進行的，遠不如西方文明由中世紀跨入近代文明那樣從容與生動。在兩個社會形態轉化的夾縫中崛起的改革家們，不得不一方面張開胸膛迎接西方文化滾滾而來的劇烈衝撞，一方面挺起腰杆承受本土文化傳統沉重的壓力。[11]這些改革家們大都持守進化論的時間觀，認為所有文化形態都朝著一個共同的目標進化，但由於種種原因，它們的進化速度快慢不一，從而導致現存的各文化形態實際上處在整個進化鏈條的不同階段，它們之間存在著簡單與複雜、先進與落後之分，西方文化作為先進文化的象徵優於中國傳統文化。形成了「我」與「西方」緊張的二元對立狀態。

在這樣特殊的時代背景下，在中國現代化的歷程中，中山裝不僅作為一種政治服裝而流行全國，而且作為中西文化融合的服裝而深受國人喜愛，[12]成為向西方學習在藝術生活領域的一個表徵。中山裝是沿用西式服裝的價值觀念和審美習俗，結合中國人穿著的習慣和傳統服裝的形制而創制的新服式，在國際上已被視為具有中國氣派的民族服裝，成為「西體中用」的最成功之作。

三、補西服之缺

　　民國前後，放足、剪辮、易服等移風易俗，促進了中國人生活方式的變化，其中又以西裝引領服裝的新潮流。1923年，孫中山先生在廣州任中國革命政府大元帥時，感到西裝不但式樣繁瑣，穿著不便，又不大適應當時中國人在生活、工作等方面的實用要求；而中國舊有的服裝，既不能充分表現當時中國人民奮發向上的時代精神，在實用上也有類似的缺點。於是，從用料、款式和製作出發，怎樣找到適合中國人體形和衣著習俗的服裝，便成為服裝改革的關鍵而被提到了議事日程上。梁實秋也嫌西服「零件」太多，構成複雜：「皮帶、領結、襯衣、外套，缺一不可；肩上填麻布，脖子戴枷系索，咽喉下面一層薄襯衣，容易著凉，褲子兩邊插手袋厚至三層，特別鬱熱。」[13]林語堂對西裝也曾耿耿於懷，他在〈論西裝與中裝〉一文中寫道：「（西裝的領帶）冬天妨礙禦寒，夏天也妨礙通氣，而四季都是妨礙思想，令人自由不得……。自領以下，西裝更是毫無是處。……穿西裝者，必穿封皮肉的衛生衣，叫人身皮膚之毛孔作用失其效能。……裡衣之外，必加以襯衫，襯衫之外，必束以緊硬的皮帶，使之就範，然就範不就範就常成了問題。穿禮服硬襯衫之人就知道其中之苦處。襯衫之外，又必加以背心。這背心最無道理，寬又不是，緊又不是，須由背後活動鉤帶求得適宜之中點，否則不是寬時空懸肚下，便是緊時妨及呼吸。凡稍微用腦的人，都明白人身除非立正之時，胸部與背後之直線總有不同，俯前則胸屈而背伸，仰後則胸伸而背屈。然而西洋背心偏偏是假定胸背

長短相稱，不容人俯仰於其際。惟人即不能整日挺直，結果非於俯前時，背心不得自由而折成數段，壓迫呼吸，便是於仰後時，背心盡露出，不能與褲帶相銜接。其在身材胖重的人，腹部高起之曲線既無從隱藏，背心底下近處遂成為那弧形之最向外點，由此點，才由褲腰收斂下去，長此暴露於人世，而褲帶也時時刻刻岌岌可危了。人身這樣的束縛法，難怪西人為衛生起見，要提倡裸體運動，擯棄一切束縛了。」[14]對習慣了穿著寬身的長袍馬褂的中國人來說，持這種看法的人確實不少。

同時，由於西裝的原料多採用進口呢絨，所以助長了外國商品尤其是服飾原料在中國的傾銷。辛亥革命以後僅在武昌一地，因改穿西服而輸出的白銀就有2000多萬兩。天津在1912年春，一個季度進口洋服、洋帽輸出白銀達125萬兩。[15]洋貨的暢銷導致白銀的流失，引起了一些人士的擔憂：「中國衣服向用絲綢，冠履皆用緞，倘改易西裝，衣帽用呢，靴鞋用革，則中國不及改制呢革，勢必購進外貨，利源外溢。故必億兆民用愈匱，國用愈困矣」，這會導致「農失具利，商耗其本，工休其業」。有人力圖把易服與保護國貨結合起來，提出「易服不易料」的想法，宣揚「裝可改，服可易，外國貨不可用，國貨不可廢也」。[16]這些合理的建議得到官方的採納。1912年10月參議院通過「服制案」，規定男子的禮服原料採用國產的絲、麻、棉織品。從保護國貨出發，提出「易服不易料」、洋裝採用本土布料的要求，也是中山裝創制的背景之一。[17]

第二節　中山裝的誕生

中山裝是以中國革命先行者孫中山的名字命名的男性套裝。關於中山裝的產生有如下幾個觀點。1902年12月，孫中山到越南河內籌組興中會，偶入保羅巴脫街由廣東臺山人黃隆生開設的隆生洋服店。黃獲悉面前顧客即為革命黨領袖孫中山，大為傾倒，懇切要求參加興中會。1922年6月，正當孫先生準備出師北伐之時，陳炯明突然發動武裝政變，孫先生在永豐艦上組織力量反擊叛軍，黃冒死前來送信。在隆隆炮聲中，孫先生從書箱內鄭重地拿出一份服裝設計圖紙交給黃，並說：「可以邊做邊改……」黃請求為服裝起個名字，蔣介石提議：「就叫中山裝好了！」[18]1923年黃隆生隨孫中山在大元帥府任事並最終完成了中山裝。他在南洋（新加坡、馬來西亞、泰國和印度尼西亞）華僑內流行的「企領文裝」的企領（立領，也叫高領，一般都是二層縫合死，無法下翻。）上加一條反領，以代替西裝襯衣的硬領，這樣一來，一件上衣便兼有西裝上衣、襯衣和硬領的作用。但是從款式上來看，「企領文裝」更接近中國的「中華立領」，而與中山裝差別較大。

關於中山裝誕生地的另外一種說法是日本橫濱和上海。孫中山大約於1895年年底前後在日本的橫浜剪辮、易服，穿上了西裝和日本當時的新式服裝，如學生制服和日本陸軍士官服等，以表示與清朝決裂和崇尚新文化的革命決心。1905年在日本橫濱，孫中山委托來自中國寧波鄞州的日本華僑張方誠設計了中山裝的草圖。[19]

1916年孫中山帶一套日本陸軍士官服，委托上海「榮昌祥」的裁縫王才運，依據此前設計的草圖和士官服為基樣裁出中山裝。[20]1927年3月26日《民國日報》廣告欄中曾刊登過一則「榮昌祥號」廣告：「民眾必備中山裝衣服。式樣準確，取價特廉。孫中山先生生前在小號定制服裝，頗蒙贊許。敝號即以此式樣為標準。茲國民革命軍抵滬，敝號為提倡服裝起見，定價特別低廉。如荷惠定，謹當竭誠歡迎。」開在上海南京路新世界對面的「榮昌祥」的創始人王才運是今寧波奉化市江口街道王漵浦村人，「五卅」慘案後，為維護民族尊嚴，抵制日貨，他毅然棄商歸裡，把「榮昌祥」交給外甥女婿王宏卿管理。如今以中山裝為載體的紅幫裁縫製作技藝已列入浙江省非物質文化遺產。

關於在上海服裝店製作中山裝的說法，還有另外一個服裝店被研究者不斷提及。1919年，孫中山將一套已經穿過的日本陸軍士官服拿到著名的亨利服裝店請裁縫改成「便服」。由於孫中山先生在海內外聲望很高，這種服式便不脛而走，迅速流傳全國。這種說法一般在各種轉述中流傳，似乎沒有確切的證據，筆者認為，有可能孫先生也在上海的這家服裝店改制過中山裝，畢竟一個人不可能一生只在一家服裝店做衣服。

第三節　中山裝的發展變化

中山裝誕生之後，在民國18年（1929年）國民黨在制定其憲法時，曾規定一定等級的文官宣誓就職時一律穿中山裝，還規定夏季用白色，春、秋、冬用黑色，中山裝成了中華民國的國

服。新民主主義革命後的社會主義和以蘇維埃為模式的工農聯盟，改變了中國人的服飾形象。1949年新中國建立後，並沒有確立新的服飾制度，但卻成功地推行了新的服飾，其改變不依靠政府法令，而是意識形態的力量。身著中山裝作為無產階級革命者形象，成為國內男子的主流服飾。所有出席正式會議的工作人員都要穿著中山裝，此時的中山裝又稱「幹部服」，成為當時中國機關工作人員的主要服裝。此時中山裝的細微改變表現為四隻口袋由琴袋式樣變成了平貼袋式樣。20世紀60年代初是中山裝真正普及的年代，無論男女老少、知識分子、工人還是農民都穿上了中山裝，因此中山裝又稱「人民裝」。毛澤東主席也一直堅持穿中山裝，因而國外友人又將中山裝稱為「毛式服裝」簡稱「毛服」。中山裝款式上出現了兩種變化，一種是傳統式的單止口切線，另一種是青年式的雙止口切線。當時，北京紅都時裝公司田阿桐師傅受命為毛主席做中山裝，為了突出其高大的身材和領袖的氣質，特將中山裝的領角由圓角改為尖角，領圍加大並向下部延展，略收腰部。

在「文化大革命」極「左」思潮的影響下，「突出政治」的要求被推到了極端的地步，服飾審美自然被打上極端畸形的政治色彩。60年代中後期，中國文化大革命中「不愛紅裝愛武裝」的政治時尚，將解放軍軍裝視為無限政治正確的代表，且作為軍服元素服裝的極端形式，直接走進社會生活，成為當時各階層著裝主流，從紅小兵到紅衛兵都非常喜歡穿一種草綠色的卡其布的仿軍裝，綠色不僅成為「革命」的標誌，還成為狂熱、盲從的政治符號，這充分地顯示了政治力量對具有軍服元素的服裝的流行

所產生的巨大影響力。[21]此時，軍銜制度遭到否定。1965年5月22日，第三屆全國人民代表大會常務委員會第九次會議通過了〈關於取消中國人民解放軍軍銜制度的決定〉。[22]於是就誕生了「一顆紅星，兩面紅旗」的「六五式」軍裝，基本款式仍然延續了中山裝的造型，解放帽上嵌一顆鋁制的紅五星，紅領章取代了過去的領銜，大幅收腰，以適應軍裝系武裝帶的特殊要求。六五式軍裝折射出了晚年毛澤東為改造國家體制、超越現代官僚主義和科層制度所進行的努力，追求官兵一致，同甘共苦，取消特權，欲使高高在上的國家機器消融在億萬民眾之中。然而這一動機的背後有著過於浪漫主義的「烏托邦」色彩，它導致了我軍在服制改革上走了回頭路，以至於在20年後我們不得不重新恢復軍銜制。然而「六五式」軍服成為世界軍服史上最為另類的服裝，卻也成了一種客觀事實。[23]總之，在「一元化」審美標準下，服飾完全脫離了原始的物質屬性，轉化為政治的附屬品。軍裝成為主流女裝，象徵著女性身體的「地表」從此歸屬為革命的領地。在男性權力占主導地位的神聖革命中，革命者真正要戰勝的並不只是政治敵人的邪惡，而更重要的是要戰勝自身欲念的「邪惡」。出於對情慾衝動的恐懼，「禁欲」幾乎是任何一場神聖革命的常規。將「性感」判定為罪孽的象徵，以壓抑自身的情慾衝動。這樣，女性身體往往首先成為革命的對象。革命化的制服幫助實現了對身體的禁錮，它以掩耳盜鈴的方式，試圖使性別特徵和性感歸於視而不見，甚至消失。[24]

　　80年代之後中山裝逐漸淡出人們的生活。隨著人們對動亂年代的反思，以及海外各種思潮的衝擊，不論年齡、不分場合地千

人一衣的著裝方式自然而然地開始淘汰。90年代至今中山裝在人們的日常生活中銷聲匿跡，中山裝的功能發生了改變，它主要作為禮服而出現在各種慶典和聚會上。在2009年10月1日的中華人民共和國國慶60周年慶典中，國家主席胡錦濤就曾穿著中山裝登上天安門城樓閱兵。在早期的中山裝設計中，左上袋蓋靠右線跡處留有約3釐米的插筆口，用來插鋼筆，下面的兩個口袋裁製成可以漲縮的「琴袋」式樣，用來放書本、筆記本等學習和工作必需品，衣袋上附加軟蓋，使得袋內的物品不易丟失，這樣的設計不僅美觀而且實用。[25]而到了今天，口袋的實用功能正在消失，人們很少在口袋中裝東西了，口袋的裝飾功能則在提升。

第四節　中山裝的審美文化內涵

一、政治規訓的結果

中山裝是一種特殊的政治服裝，它的流行與國民政府的推廣密切相關，國家權力滲透與人們自覺接受規訓共同造就了中山裝的流行。[26]早在1912年，孫中山就提出了制定中國自己的禮服的想法：「禮服在所必更，常服聽民自便……禮服又實與國體攸關，未便輕率從事。」[27]而後中山裝成為南京國民政府的統一制服，顯然，孫中山認識到服裝與國體之間存在密切關聯。「斷髮易服」象徵著清王朝的澈底崩潰和一個時代的終結。辛亥革命不僅帶來了社會的劇變，而且也促使服裝的變革更為迅速而明顯。1911年，革命派發動辛亥革命最終推翻了清王朝，建立起了中華民國。至此，近代學習西方資產階級政治制度的理想，試圖付諸

實施，學習西方的運動也達到了前所未有的水平。

二、「革命」在身體空間的象徵符號

　　孫中山作為一個偉大的革命民主主義者，他所創立的三民主義學說成為中國民主革命的思想指南。三民主義理念在中山裝上也得到完整體現，它成為「革命」在身體空間中的象徵符號。中山裝的四個口袋代表「禮、義、廉、恥」——「四維」。前襟的五粒紐扣代表行政、立法、司法、考試和監察的五權憲法。左右袖口的三個紐扣分別代表民族、民權、民生的三民主義和平等、自由、博愛的共和理念。在中國宗法制社會，服裝是等級制度的符號，人們該穿什麼，能穿什麼，都有嚴格的等級規範，並不能自由選擇，而中山裝卻沒有等級的限制，中山裝的流行，代表著服裝平等化觀念的出現，是中國服裝發展史上一場震撼性的革命。中山裝封閉式翻領表示嚴謹的治國理念。袋蓋做成倒山字形狀的筆架式「筆架蓋」，象徵中國民主革命要重用知識分子。背部不破縫，表示國家和平統一之大義。[28]總之，民主革命思想在中山裝上是通過隱喻的方式表達出來的，隱喻正是中國傳統服飾審美思維中最具代表性的表達方式。古代帝王服裝上的龍紋與「十二章」紋樣，以及明清時期民間服飾中廣為盛行的「吉祥圖案」都是這種手法的直接運用。

三、中國格調

　　中山裝的創制體現了中西服飾審美理念的統一。中山裝既保留了西裝貼身、幹練的風格，又融入了中國格調。中山裝的四個

對稱的口袋符合中國人追求均衡的審美心理及中庸的文化哲學內涵。對稱是大自然普遍存在的現實形態，鑽石的結晶結構是對稱的；生物細胞的對稱性具有安定的特質，易於成活和發展；人和動物都具有左右對稱結構，生物以對稱的外表吸引異性並繁衍下一代，達到生生不息、傳宗接代的目的；控制人類遺傳的染色體也以成對的DNA出現。中國人在行為上也可以找到對稱的模式，如人們在祭祀時要擺上左右各一對紅燭；婚配講究門當戶對；四合院和故宮等古代建築都具有對稱美；漢語作為最能體現漢族文化特質的一種要素，從各個層面充分體現了對偶、對稱與和諧的審美意識，大部分成語都具有語音和語義的對稱性；《易經》中也有明顯的對稱意識。總之，中國人的審美習慣中也體現出了對對稱性的欣賞。格式塔心理學的完型論主張幾乎所有的組織機制都是天生的，即在出生時大腦的機制已經被設定好了，而不是從經驗中習得的。而人類頭腦中預先設定好的圖形的完整性就是包括「對稱性」在內的一些感知。另外，心理學家在研究中，把不同人種的照片，給來自世界各地13個國家的白人、黑人、亞洲人、拉丁美洲人評分，結果發現其實美的標準就是對稱。在對嬰兒的實驗上也發覺，嬰兒會對漂亮的臉孔注視較久，而這些臉孔幾乎是完全對稱的。[29]對稱能給人一種平衡感和穩定感，這反映了人們在審美實踐中的一種普遍的心理要求。

　　「中」、「中和」、「中庸」是中國古代哲人認識事物、判斷事物和處理事物的最高原則，也是他們普遍的思維模式和行為規則。從「和」到「中和」，再到「中」，有一個發展演變的過程。先是春秋之前多講「和」，《中庸》開始分為內「中」外

「和」，兼論「中和」，大概由於宋代理學側重個人內心修養功夫，更強調「執中」、「時中」，所以又漸漸省略為一個「中」字。「中」字的本義應為事物的中點或中部，推而廣之為中央、中間。「中」就是事物的道，是事物產生的根源，又是事物存在的先決條件，沒有「中」事物就不能平衡、和諧。[30]漢以後，隨著文學的自覺，「中」的觀念也由哲學、倫理領域，日益轉向美學、藝術領域，成為一個美學概念與藝術範疇，在劉勰的《文心雕龍》中無不體現著一種「中和」、「中庸」的精神。[31]「中庸」即「中常之道」，是客觀事物存在、發展、變化的基本規律，「中和」主要是指人們運用「中庸」而達到理想的和諧境界而言。「中」、「中和」、「中庸」這些概念在發展中雖各有區別，但精神一致，甚至可以互相代用。[32]因此，推演開來，中間視角的對稱審美則是傳統中國人所喜好的一個歷史悠久的審美傳統。

中山裝封閉式翻領傳達了中國人含蓄、內斂的性格特徵。「中國人以內傾型氣質為主，在審美傾向上表現為欣賞含蓄、凝重、悲愴、幽怨的中和之美；西方人的外傾型氣質則使他們謳歌酒神精神，崇尚悲劇，欣賞冒險、叛逆、競爭和新奇，在審美情感上偏愛外露、誇張、劇烈和迷狂。[33]而中國人內傾型的氣質類型與其禮儀制度有著深刻的關係。中國人歷來重視和諧人際關係之建立，社會成員之間相互關愛與依戀，特別重視積極的人際情感，以之為現實人生幸福的重要內容。從西周初年周公制禮作樂，中國人就制定出一套上自中央政府和地方諸侯國關係，下至百姓婚喪嫁娶的社會秩序規則，它將國家政治制度與百姓日常行

為規範融於一體。這套禮儀制度後來發展為「忠、孝、節、義」的倫理價值觀念體系，它足以規範上自天子，下至庶民所有社會角色的行為。中國人不只制定了一套極為發達的人際關係的行為準則，還通過發達的國民教育體制、詩樂教化傳統將這些制度規範成功地貫徹於國民日常生活的方方面面，這套倫理規範確實得到了很好的遵守和踐履，成為規範社會成員角色定位、調節社會成員利益衝突的有效手段，為古代等級社會秩序之超穩定延續做出巨大貢獻，故而中國才成就為一個舉世聞名的「禮儀之邦」。[34]

四、日本西學的產物

從服裝的款式上來看，中山裝與日本的學生裝和陸軍士官服最為接近。日本近代男生傳統制服是「詰襟」。「詰襟」通稱「Gakuran／がくらん」，寫成漢字便是「學蘭」。在日本，來自西方的物事均冠以「蘭」字，如西學稱「蘭學」，西方醫學稱為「蘭醫」，江戶時代稱西服為「蘭服」，而「Gakuran」的意思就是「學生用蘭服」，而「Gakuran」一詞在臺灣被直接翻譯成中山裝。明治12年（1879年）宮內省設置的官立學校「學習院」指定「詰襟」為男生校服，7年後東京帝國大學（現東京大學）也指定「詰襟」為制服，其他中學或大學陸續效仿。詰襟制服在當時算是一種上流知識分子的服飾，只有都市有錢人家子弟才穿得起。自從19世紀70年代詰襟制服在日本開始作為學生制服而採用之後，逐漸在日本全國普及。[35]英國卡爾地夫大學日本研究中心主任克里斯托弗・胡德（Christopher Hood）指出，這種設

計可以追溯到1870年代日本正規教育體系建立之際，當時日本向德國、法國和英國的教育領域取經。當時歐洲各國的學校制服基本上都是模仿軍服而製作的，而日本受其影響借用軍服的款式作為學生的制服也就是理所當然的了。費孝通曾說：「我們穿的這種衣服，叫……中山裝。……大約80年前（1905年費孝通的父親費璞安東渡日本留學），當時我父親不到30歲，去日本留學的時候穿這樣的衣服，上邊沒有這一條領，是日本的學生裝。日本的中學生到現在還穿這種衣服。這個衣服式樣是孫中山先生傳到中國來的，所以叫中山裝。」[36]

五、富國強兵的夢想

　　日本學生裝和日本士官服還有其更為深遠的源頭——19世紀末的德國士官服。它的簡潔風格，符合當時軍事政治運動的精神需要，由此成為各國競相模仿的對象。俄國士官服和日本士官服，便是那場大規模克隆的成果，它們在日俄戰爭和一戰中就已嶄露頭角。此後，德國人自己率先繼承了19世紀的軍服遺產，以至國防軍的士官服，都在沿用這一款式。而抄襲了德國軍服的俄國士官服，後來被蘇維埃政權所沿用，成為著名的「史達林服」。在中國，它因孫中山的「參照」而成為「中山裝」，因毛澤東的「繼承」而成為「毛服」。在越南和朝鮮，它因胡志明和金日成的「改造」而成了「胡志明裝」和「金日成裝」。[37]

　　在生物界，大部分能分泌劇毒物質的動物都具有艷麗的外表，但是南美無毒甲蟲也具有絢麗的外表，它們透過模仿有毒甲蟲的美麗外表來保護自己。戰爭是人類生存競爭的最高形式，軍

隊是國家機器的重要組成部分，而軍服則是國家機器的象徵符號。因此，各國總是模仿戰鬥力最強的軍隊的軍服以壯大自己的軍威。當瑞士的步兵在世界上最強時，大家都模仿瑞士，連羅馬教廷的警衛隊也是瑞士服飾；當奧地利最強時，人們都模仿奧地利，路易十四甚至根據奧地利士兵的圍巾發明了領帶；而當今世界，所有國家都模仿美軍軍服。[38]總之，在軍服的流行趨勢中，同樣有著弱者效仿強者的規律，軍服的美蘊藏著強者的力量。

19世紀60、70年代，德國經過三次王朝戰爭統一諸邦，一躍成為歐洲主要強國，其軍事力量在歐洲大陸更是無可比擬，引起世人的極大關注。1871年，普法戰爭結束，德國成為世界性的軍事強國。德國陸軍戰力之強、火炮之精令中國人嘆為觀止，李鴻章稱其「精利無匹，在西洋各國最為著名利器。」[39]鄭觀應也認為，「西人構戰，專用火攻，其器固以鋼炮為良，更以德人克鹿卜炮為最。緣鋼產莫佳於德國，而克鹿卜之制煉尤精。以故名噪諸邦，六大洲皆嘆為不如，爭相購辦。」[40]德國在一定程度上促進了中國軍隊武器裝備、體制編制的近代化，培養了一批掌握近代軍事思想和技術的人才。因此，從這個意義上說，中山裝對德國軍服的模仿，也具有在遭受帝國主義列強踐躪的時代背景之下，期望中國重振雄風的潛意識。同樣，日本在明治維新的過程中，英美傳統的自由主義價值觀念，在各個方面都受到壓制和排斥，而受到尊崇，占據主導地位的，則是來自德國的制度、原則和思想觀念。

◆ 註釋

[1]華梅：《西方服裝史》，北京：中國紡織出版社，2003年。

[2]張春娥：〈淺述中國民族服飾——旗袍〉，寧波：《浙江紡織服裝職業技術學院學報》，2008年第3期，第40頁。

[3]李迎軍：〈從中山裝看傳統服飾文化的繼承與創新〉，北京：《藝術設計研究》，2010年第1期。

[4]安文新：〈長袍馬褂・中山裝・西服〉，昆明：《文史天地》，2005年10期，第60頁。

[5]竺小恩：〈中山裝和孫中山的服飾文化觀〉，江門：《五邑大學學報》，2007年第3期，第27頁。

[6]李世濤：〈歷史嬗變中的中國審美現代性——兼及中國審美現代性的特徵〉，北京：《藝術百家》，2011年第1期，第119頁。

[7]李世濤：〈歷史嬗變中的中國審美現代性——兼及中國審美現代性的特徵〉，北京：《藝術百家》，2011年第1期，第119頁。

[8]李世濤：〈歷史嬗變中的中國審美現代性——兼及中國審美現代性的特徵〉，北京：《藝術百家》，2011年第1期，第119頁。

[9]李世濤：〈歷史嬗變中的中國審美現代性——兼及中國審美現代性的特徵〉，北京：《藝術百家》，2011年第1期，第119頁。

[10]李世濤：〈歷史嬗變中的中國審美現代性——兼及中國審美現代性的特徵〉，北京：《藝術百家》，2011年第1期，第119頁。

[11]譚桂林：《轉型期中國審美文化批判》，南京：江蘇文藝出版社，2001年，第98頁。

[12]陳蘊茜：〈身體政治：國家權力與民國中山裝的流行〉，上海：《學術月刊》，2007年9月，第147頁。

[13]梁實秋：〈衣裳〉，《雅舍小品全集》，上海：上海人民出版社，1993年，第30頁。

[14]林語堂：〈論西裝與中裝〉，《人生的歸宿》，海口：海南出版社，1997年，第876頁～第877頁。

[15]孫中山：《孫中山全集》第2卷，北京：中華書局，1985年，第61頁～第62頁。

[16]陳高華、徐吉軍：《中國服飾通史》，寧波：寧波出版社，2002年，第553頁。

[17]竺小恩：〈中山裝和孫中山的服飾文化觀〉，江門：《五邑大學學報》，2007年第3期，第27頁。

[18]蘇金松：〈孫中山與中山裝〉，太原：《山西老年》，2007年3期，第18頁。

[19]季學源：《紅幫服裝史》，寧波：寧波出版社，2003年，第57頁。

[20]《20世紀上海文史資料文庫》，上海：上海書店出版社，1999年，第208頁。華梅：《中國服裝史》，天津：天津人民美術出版社，1999年，第89頁。

[21]吳咏蔚：〈影響軍服元素服裝流行趨勢的因素分析〉，新餘：《新余高專學報》，2010年3期，第45頁。

[22]魏岳江、郭衛紅：〈軍裝：軍人的儀錶，國人的象徵——中國人民解放軍軍服發展的歷史沿革〉，杭州：《科學24小時》，2005年1期，第49頁。

[23]李軍：〈不愛紅裝愛武裝——漫談軍服文化〉，北京：《軍營文化天地》，2002年第11期，第42頁。

[24]張閎：〈革命女裝〉，廣州：《南風窗》，2004年9期。

[25]中華文化大辭海編委會:《中華文化大辭海》之《中華文化習俗辭典》,北京:中國國際廣播出版社,1999年。

[26]陳蘊茜:〈身體政治:國家權力與民國中山裝的流行〉,上海:《學術月刊》,2007年9期。

[27]孫中山:〈復中華國貨維持會函〉(1912年2月4日),《孫中山全集》第2卷,北京:中華書局,1981年,第61~62頁。

[28]李津軍:〈中山裝的來歷〉,瀋陽:《青年科學》,2005年第7期。

[29]楊樺:〈對稱在造型活動中之研究〉,北京:《裝飾》,2004年第1期,第78頁。

[30]雷慶翼:〈「中」、「中庸」、「中和」平議〉,濟南:《孔子研究》,2000年第3期,第8頁。

[31]周來祥:〈和·中和·中——再論中國傳統文化的和諧精神及其審美特徵〉,濟南:《文史哲》,2006年第2期,第90頁。

[32]雷慶翼:〈「中」、「中庸」、「中和」平議〉,濟南:《孔子研究》,2000年第3期,第8頁。

[33]李丹:〈中國傳統審美思維女性偏向及其成因〉,鄭州:《美與時代:上半月》,2008年第2期,第36頁。

[34]薛富興:〈普遍意識:中國美學自我超越的關鍵環節〉,南京:《江海學刊》,2005年1期。

[35]漢風和雨:〈日本與中山裝的源流〉,http://forum.book.sina.com.cn/thread-2799124-1-1.html。

[36]陳明遠:〈中山裝的來龍去脈〉,武漢:《長江日報》,2009年2月18日,http://cjmp.cnhan.com/whwb/html/2009-02/18/content_1110096.htm。

[37]朱大可:〈中山裝的烏托邦〉,北京:《中國新聞周刊》,2007年11月19日。

[38]李軍:〈不愛紅裝愛武裝——漫談軍服文化〉,北京:《軍營文化天地》,2002年第11期,第42頁。

[39]李鴻章:《李鴻章全集·奏稿》第29卷,長春:時代文藝出版社,1998年,第1227頁。

[40]鄭觀應:《鄭觀應集》(上),上海:上海人民出版社,1982年,第132頁。

第四章　鈎織服裝與自然模仿

第一節　鈎織服裝在中國的歷史

　　服飾鈎織起源於歐洲。歐洲早在新石器時代，大約公元前5000年至4000年前的時候，就出現了麻織物和毛織物，是古代游牧部落中牧羊人的發明。在編織物出現之前約有5000年左右的漸變期，那就是關於編結和紡線的經驗累積期。編的技術比紡的技術出現得早，在人類使用纖維之前，用葛、藤、葦、樹皮等物品來編網，這是向織發展的一個必經階段。在人類織布之前必須能紡出線來，紡線技術是人類在新石器時代最重要的創造。新石器時代初期就出現了用來紡線的石製的和陶製的紡輪。[1]在西亞，公元前3000年出現了羊毛織物。[2]中國在浙江吳興錢山漾地區的新石器時代晚期遺址中發現了麻、絹織物殘片。[3]14至16世紀的文藝復興時期，歐洲許多國家的農民都流行穿著羊毛編織的短襪。手工編織曾經是歐洲的一項重要產業。1589年，英國人威廉·李（Welliam Lee）發明了編織機。18和19世紀手工編織成為大部分女性和部分男性熱衷的業餘消遣。世界上最早的絨線紡織廠誕生在英國。法國著名服裝設計師加布瑞拉·香奈兒於1912年在特布爾開店，並推出了針織服裝。香奈兒是第一個能用針織毛

料設計服裝的設計師，使得針織服裝也跨入了時裝的行列。[4]

在鴉片戰爭後，服飾鉤織傳入中國。20世紀初，服飾鉤織開始在上流社會女性中傳播。1924年英國哈利法克斯市的巴頓・博德運股份有限公司在上海出版發行了《編物初步》一書。1927年江蘇吳縣人沈萊舟與巴頓・博德運股份有限公司聯合在上海福州路創辦了「恒源祥人造絲毛絨線號」。1935年，「恒源祥」遷至金陵東路，店名改為「恒源祥公記號絨線店」，並開辦了「裕民毛紡廠」，生產「地球牌」、「雙洋牌」絨線。幾乎與此同時，北方著名的絨線生產企業為1932年創建於天津的東亞毛紡廠，以「抵羊牌」純羊毛絨線馳譽全國。「抵羊」為抵制洋貨，保護民族產業之意義。

當時上海有繆鳳華、馮秋萍、鮑國芳和金曼南等一批絨線編織高手。繆鳳華編寫了中國第一本編織書籍——《編物大全》。1934年至1948年馮秋萍在上海開辦「秋萍編織學校」、「良友編織社」，並在上海廣播電臺教授編織技藝。[5]30、40年代在上海可見到不少時髦女性穿著毛衣或者鉤織披肩。50年代到70年代，人們普遍生活貧困，根本買不起毛線織毛衣。在北方，每到冬天人們都穿著厚重的棉衣棉褲，行動不便，而且不容易拆洗。70年代後生活水平逐漸好轉，人們才有經濟能力購買線鉤織衣物。80年代至2000年鉤織服飾是中國女性最為普及的手工藝術。當時還是以套頭的式樣為主，分為高領、V字領和圓領。2000年以後，由於紡織工廠生產的編織衣服數量巨大、花色品種豐富多彩就很少有人手工編織衣飾了。[6]此時由於機械紡織技術的發達，也開始有了開衫式樣的毛衣，有了大翻領的毛衣外套，2001年前後出

現了編織的高領毛背心，以往的審美習慣是長袖毛衣配高領，而毛背心的高領設計挑戰了原始的審美習慣，相當新潮。2009年流行過編織的連衣裙。2011年前後鉤織斗篷、蝙蝠衫再次流行，大部分的斗篷式服裝和蝙蝠衫都是鉤織的。雖然混搭的概念早就傳入中國，但是在日常生活中真正被認可和採納則是在2010年前後。此時的女孩們喜歡將毛衣搭配雪紡的蓬蓬裙或者超短熱褲。同時也出現了將鉤織與雪紡兩種不同性質的材料搭配在一起的成衣。

第二節　鉤織服裝的審美文化內涵

一、自然模仿的美學譜系

「模仿說」是古希臘人對藝術活動最為重要的規定，它由始至終地貫穿了整個古希臘美學的發展進程，成為古希臘美學思想變更中的一條重要的線索。由模仿說生髮出來的道德、形而上學與審美三條相互關聯的原則，構成了希臘人關於美的性質和價值的學說的基礎，也決定了以和諧為基本特徵的古希臘藝術。[7]赫拉克利特（Heraclitus）第一次明確提出了「藝術模仿自然」的說法。達芬奇（Leonardo da Vinci）也十分重視對自然的臨摹，他認為繪畫產生於自然，是「自然的合法的女兒」。[8]與他同時代的米開朗基羅（Michelangelo di Lodovico Buonarroti Simoni）、瓦薩里（Giorgio Vasari）、莎士比亞（William Shakespeare）都是「藝術模仿自然」這一傳統觀點的堅持者。義大利的雕刻家貝尼尼（Giovanni Lorenzo Bernini）不主張機械地模仿自然。為了更好地模仿自然，有時必須製造自然所沒有的東西。[9]狄德羅（Denis

Diderot）一方面始終堅持藝術要模仿自然，另一方面認為「模仿自然並不夠，應該模仿美的自然」。[10]歌德在強調文藝要忠實模仿自然時指出，藝術並非機械地模仿，而要超越自然。[11]在人類的發展歷程中，以及與自然相依存的過程中，對自然的瞭解、認識、利用和改造都是基於人類生存的內在需求，任何設計都是為人所服務的，體現以人為本的理念。有人說，人類的紡織行為是對織布鳥織巢行為的模仿。織布鳥學名Ploceidae，屬雀形目，織布鳥科，有70個不同的品種，主要分布於非洲和亞洲。織布鳥是鳥類乃至動物中最優秀的紡織工，雄鳥負責築巢，它們能夠用草和其他植物編織出它們的窩。首先，它用草根和細長的棕櫚葉織成一個圈，然後不斷添進材料，最後織成一個空心球體，並留下一個長約60釐米的入口。整個巢呈長把梨形，懸吊於樹木的枝梢。織布鳥的織巢行為啟發了聰明的人類，人類開始使用毛線編織衣物。

二、行動空間與觀念空間

空間是一切實在與之相關聯的構架。它幫助人類拉開種種創造的帷幕，為產生和形成無數有益於人類文化的創造活動提供了先決條件。手工鉤織藝術屬於一種從人類原先的初級行動空間逐步上升到觀念空間相互綜合的創造性產物。行動空間屬於一切有機界所擁有的共同「環境」，觀念空間唯獨只有人才能獲取，原因在於只有人具備了抽象思維的能力，從而可以藉助符號的表現形式來追尋科學和藝術的歷史無限性。比如，起源於中國殷商時代的「陰陽」學說，《周易》中的「八卦」學說和周代的「五

行」學說都是運用對立統一規律並藉助於符號、數這些抽象元素來建立自己的觀念空間，試圖達到探尋和解釋宇宙萬物本源的目的。西方古希臘時代，畢達哥拉斯學派關於數是萬物本源的思想也是人類文化史上的超越人的實際生活領域用抽象空間形式作出合乎科學解釋的最好例證。鉤織服裝藝術正是編織者思維的符號語言與手工操作相結合的產物。那些富於變化的鉤織花紋，那些蘊含著對稱、平衡、韻律、對比、統一等形式美的規律和法則，能夠通過視覺感官喚起欣賞者心靈節奏的美感，充分發揮空間美學效應，達到理想化的和諧效果。當鉤織者將創作的衝動試圖轉換到各種不同性能的纖維材料中去的時候，組織空間秩序最有效的方法莫過於運用交叉構成的形式原理很有分寸地把握和控制作品藝術特徵的整體構架，從而能夠自由自在地在那個充滿自然氣息，為人類生活不斷滋生著生命活力的纖維空間結構中傾聽到渾厚、富於彈性和彷彿充滿人情味的鉤織之聲。[12]

三、濃情愛意

　　手工鉤織是一種依靠智慧和耐力，一針一線完成的工藝品。一個鉤織者經過反覆構思、設計、施工，付出很多艱辛，耗費許多寶貴的時間，才能把精美的鉤織服裝獻給受益者。許多人都將毛衣送給自己的戀人和親人，它會給穿著者帶來美麗、溫暖和幸福。因此，手工鉤織的服飾往往蘊含著愛的禮物的深切內涵。因為毛線鉤織是舶來品，所以中國傳統詩詞中沒有直接謳歌鉤織的詩句，但是這句「慈母手中線，遊子身上衣，臨行密密縫，意恐遲遲歸。」卻表達了相似的情感體驗。

四、混搭與文化融合

服裝混搭是指不同風格、不同材質、不同季節的服裝和服飾按照個人口味拼湊在一起，從而形成完全個人化的風格。它不僅僅是一種穿衣風格，也成為一種服裝設計理念。混搭的英文說法是Mix and Match。它的產生可以追溯到18世紀最後30年，工業革命時期產生的多用途家具。19世紀上半葉混搭設計興起於建築界，並流行於歐美一些國家的折衷主義潮流中。20世紀20年代混搭設計在歐洲興起的現代主義設計中有所體現。20世紀60年代中期以後，在西方文化、藝術和設計界異軍突起的後現代主義浪潮促進了混搭的發展。經過各種思潮洗禮後，混搭的設計形式開始進入到一個更為豐富多元的時代。它正以驚人的速度蔓延至服裝、家居、媒體等領域。[13]廣義的混搭是將傳統上由於地理條件、文化背景、風格特徵、材料質地等的不同而無法組合在一起的元素進行搭配，組成有個性特徵的新組合體。中國時尚服裝界對於混搭的瞭解來源於日本。2001年日本的時尚雜誌《ZIPPER》中寫道，「新世紀的全球時尚似乎產生了迷茫，什麼是新的趨勢呢？於是隨意配搭成為了無師自通的時裝潮流。」大概在2005年前後在中國服裝界才出現了混搭的概念。[14]

過去的時尚一直被禁錮在傳統的審美規範中，它要求服裝風格純粹而統一。然而這種必須保持整體一致的審美思維被混搭拋棄，混搭給服裝設計帶來了新生。混搭具有打破傳統思維模式的想像力、包容異質的勇氣，它使得服裝設計和服裝穿著不再有統一的標準和固定的原則。混搭可以激活原有服裝元素中沉默的價

值，形成嶄新而陌生的審美感受。擴寬了人們原有的審美習慣，謀取更大的穿著閾限。向人們傳達了一種自由、個性、無拘無束的生活理念。混搭是有紀律的狂想，看似漫不經心，實則出奇制勝。混搭是文化混血、目標混雜、趣味混亂和風格混搭。成功的混搭不是肆意的胡亂搭配，而是有節奏、有層次、有主題、有風格的搭配，於不同中求和諧。[15]

　　混搭在中國主要體現為，將最柔軟的布料和最硬挺的布料搭配，從而突出各種布料本身的材質特色。2010年至2011年流行的機車夾克混搭波西米亞長裙和鉤織混搭雪紡就是典型的代表。混搭還體現為季節錯亂感的營造，注重每一種布料的季節特徵。2010年至2011年流行的皮草與薄紗混搭穿著，毛衣與蓬蓬裙或者熱褲的混搭穿著，秋冬的混羊毛的厚呢料與夏季的雪紡的搭配，冬季的羽絨服與以往多用於夏季裙裝裝飾的蕾絲花邊的搭配，都是這方面的典型代表。另外，混搭還體現為不同風格的混搭穿著。2010年後出現的西裝配牛仔褲和帆布鞋的穿著方式，中性的小西裝與可愛風格的蓬蓬裙的穿著方式就是典型的代表。

　　2010年代左右的中國服裝風格大至可以分成：日韓風、英倫風、龐克風、歐美范兒、制服風、軍旅風、OL通勤風、波西米亞、復古風等幾種。日韓風服裝主要指女裝，主要針對年齡較輕的女孩，日韓系女孩的主要審美風格是可愛型和淑女型，日系女孩以超可愛的蘿莉形象為主。蘿莉是蘿莉塔的縮寫，蘿莉塔原指由美籍俄裔小說家弗拉基米爾‧納博科夫（Vladimirovich Nabokov）於1955年所作的長篇小說《Lolita》，後在日本引申發展成一種次文化。在日本，第一個公認的蘿莉角色是1982年推出

的《甜甜仙子》裡的momo公主。蘿莉形象的熱潮席捲整個動漫
和遊戲界，始於《魔法少女砂沙美》中的砂沙美、《庫洛魔法使
Card Captor Sakura》中的木之本櫻和《To Heart》中的馬魯芝等等。
她們主導了自1995年來，動漫和遊戲界的主流市場。在其之後，
幾乎每部作品都有個蘿莉，甚至是整部作品充斥著蘿莉。較為普
及的蘿莉服裝有三大系列，主要模仿英國維多利亞時期的宮廷式
服裝。古典蘿莉以簡單，少蕾絲而多荷葉褶皺為主，透過碎花和
粉色表現出清雅品味。甜美蘿莉以粉色為主，再用上大量的蕾絲
和褶皺。哥特蘿莉的特徵是受中世紀歐洲的神祕、怪誕、死亡、
恐怖、淒涼的陰暗氣氛影響。以黑白色為主。穿者多塗上黑色指
甲油和配戴十字架等銀飾。總之，可愛風格的日系女孩以蛋糕裙
或者蓬蓬裙等為主要的款式，以蝴蝶結（或巴洛克蝴蝶結）、蕾
絲花邊等為標誌性的裝飾手段，服裝以夢幻的粉色等明艷的顏色
為主，以各類卡通圖案、心形圖案和波普點圖案、格子為主要的
裝飾圖案，以高髮髻、齊劉海和長卷髮的髮型為主要的髮型，好
似一個真實版的洋娃娃。韓系女孩以端莊的形象為主，淑女風格
的女孩以褲裝、一步裙、長裙等為主要的款式，蕾絲也是主要的
裝飾手段，色彩以粉色、淺藍色、淡紫色和裸色等比較淡雅的顏
色為主。這種形象受韓國電視劇中女孩的主要形象的影響。當然
隨著服飾流行趨勢的變化日韓系服裝的特點也在發生著變化。

英倫風源自英國維多利亞時期，受蘇格蘭「基爾特」男式裙
子的格子圖案的影響，主要體現在各類的格子圖案的使用上。英
倫學院風的主要標誌就是修身西裝，配飾主要包括禮帽、領帶和
尖頭布洛克鞋。龐克源於70年代中期，Leg McNeil於1975年創立

了《PUNK》雜誌。

　　龐克文化產生於英國工業革命後，經濟蕭條，失業率不斷上升的時代背景下，他是由失業者和輟學的學生組成的工人階級亞文化群體。龐克也是最原始的搖滾樂。龐克文化不只存在於音樂世界，還影響了時裝、平面圖像、影視以及室內裝潢等領域。龐克是物質與慾望、理想與環境的不均衡壓縮之下的變形產物，讓你感到一種暴躁不安的侵略性與攻擊性。龐克傾向於思想解放和反主流的尖銳立場，在英美兩國都得到了積極的效仿，最終形成了龐克運動。龐克文化從舞臺走向生活，年輕人開始在表演以外的各個層面表現他們澈底革命的決心。龐克風格的服裝主要表現在，年輕人穿著磨出窟窿、裝飾有鉚釘、大號安全別針、鐵鍊和畫滿骷髏的牛仔裝與皮裝，梳著北美印第安人的一個分支莫西幹人的高聳髮型，有些女人甚至把頭髮澈底剃光，臉上畫著煙燻妝和暗色調的口紅，身上訂有金屬釘和金屬環，還有紋身，下身穿著漁網似的長筒襪和馬丁博士靴。龐克作為一種服裝風格，真正的成功源自於維維安・維斯特伍德（Vivienne Westwood），她被公認為「龐克之母」。2010年至2011年龐克風的骷髏圖案突然出現在中國的衣服、包包、鞋子、帽子和圍巾等各種裝飾上。2010年至2013年金屬釘裝飾則在中國非常流行，出現在各類服裝和飾品上。

　　歐美范兒以隨性、簡單著稱，不同於以簡約優雅著稱的英倫風，它更偏向於街頭類型的紐約範。它隨性的同時，講究色彩的搭配，與後期的波希米亞風融匯，應該說歐美風更廣泛，帶有少部分日韓氣息，很國際化。

　　制服風服裝主要是模仿日本中學的校服，或者各國軍裝造型的服裝。校服造型女孩的主要款式為西裝配百褶短裙，或者水手裝，男孩的款式主要是西裝校服，顏色以深藍色為代表。軍裝造型主要是以模擬軍裝的肩章和金黃色的扣子為標誌性服裝要素。軍旅風服裝主要是以草綠色為主要色系，以軍裝的款型為主要構成要素的服裝。2010年至2011年在中國軍旅風成為流行的一翼。

　　OL通勤風服裝是指白領女性的職業裝。OL即「Office Lady」的縮寫，可譯為「白領女性」。通勤一詞最早應當是在鐵路系統使用的，直到現在鐵路系統仍把每天職工上下班叫做跑通勤。究其來源，「通勤」是個舶來詞彙，是從日文漢字「通勤（つうきん）」直接引用的。眾所周知解放前中國大部分鐵路由日本人控制，鐵路公司管理體制、技術標準、技術術語直接使用日文漢字。解放後部分詞語沿用至今。在中國當下，通勤是指從家裡前往工作地點。OL通勤風以簡約大方為主，無撞色拼接，多數以單色為主，彰顯白領女性幹練、知性的風格。

　　復古風是指人們穿著具有既往流行元素的潮流。21世紀前10年被冠以復古風格年代的稱號。選擇復古裝並不是信手拈來，而是要在過往經典的標誌性設計中尋找合適而且別緻的元素。所謂的「復古主義生活方式」，並不單單是指衣著上表面的復古，而是指一種個人生活態度的選擇，是一種對失控繁複的現代生活的反思和控訴。心理學將這種對復古物品的懷舊稱之為「回歸心理」。當人們面臨壓力，感受焦慮的時候，通常會透過這些懷舊的復古物品穿越時空來尋求心理安慰，讓煩躁焦慮的心境回歸平和。

　　混搭是世界文化在融合的過程中「和而不同」的發展趨勢在
服飾文化領域的具體隱喻。文化的融合是多種文化的相互吸收和
借鑒。在世界經濟一體化日益發展的今天，各個國家、民族和地
區的交流與合作越來越頻繁，它們之間的文化方面的接觸和交往
也越來越多。人類社會的全球化進程是人類社會發展的一個必然
的歷史過程，它首先是市場經濟發展的產物，市場經濟在全世界
的發展，使得一切國家的生產和消費都成為世界性的。此外，科
學技術的迅猛發展，以電子計算機為標誌的信息革命的興起，全
球通訊網絡的逐漸形成，澈底改變了人類的聯繫方式，使得全
世界各個國家、各個地區和各個民族的人民有著空前的廣泛聯
繫。[16]

　　其實，現在的西方文化，就是由多種文化交匯融合的產物，
它絕不是封閉的文化體系。作為西方文化的源頭，古希臘人用來
記錄自己語言的腓尼基字母來自中東的古代閃族語，古閃族語又
借鑒了古埃及的文字。而主導後來西歐一千多年歷史的日耳曼
人，是來自中北歐的森林土族。這些日耳曼人採用的基督教最開
始是一種典型的東方宗教，它由中東的猶太一神教演化而來。[17]

　　未來的世界應是一個多姿多彩又相互聯繫的有機整體，各國
家、地區和民族在保持自身文化特色的同時，對人類共有的價值
原則共同負責，共同做出貢獻，實現「和而不同」。混搭正是多
元文化相互碰撞和融合的產物。在全球化浪潮迎面而來的今天，
中國文化正在面向世界，走與世界文化融會貫通的道路，把民族
化同世界化統一起來，促進中國文化的現代轉型，使中國文化為
全人類的文化作出卓越的貢獻。[18]

◆ 註釋

[1]李當岐：《西洋服裝史》，北京：高等教育出版社，2011年，第3～4頁。

[2]李當岐：《西洋服裝史》，北京：高等教育出版社，2011年，第36頁。

[3]華梅：《古代服飾》，北京：文物出版社，2009年，第10頁。

[4]朱和平：《世界經典服裝設計》，長沙：湖南大學出版社，2010年，第30頁。

[5]董水淼：《〈編物初步〉在滬發現顯露海派編結源頭》，上海：《上海工藝美術》，2004年3期，第15頁。

[6]董水淼：〈海派編織的源頭〉，上海：《上海采風月刊》，2007年第11期，第62頁。

[7]郭景真：〈模仿說與希臘古典和諧美的理想〉，泰安：《岱宗學刊》，2009年3期，第39頁。

[8][義]達·芬奇：《達·芬奇論繪畫》，戴勉譯，南寧：廣西師範大學出版社，2003年5期。

[9]李麗：〈試論「模仿說」的嬗變〉，南京：《南京藝術學院學報》，2008年2期，第152頁。

[10]朱光潛：《西方美學史》，北京：人民文學出版社，1979年，第275頁。

[11]李麗：〈試論「模仿說」的嬗變〉，南京：《南京藝術學院學報》，2008年2期，第152頁。

[12]邢慶華：〈編織藝術的空間意義及其形式原理〉，南京：《南京藝術學院學報（美術及設計版）》，1999年3期，第73頁。

[13]胡丹丹：〈淺析混搭在服裝設計中的應用〉，鄭州：《美與時代》，2010年5期，第108頁。

[14]王蕾、郁波、孫嵐：〈「混搭」在設計發展史上的歷史景深之淺析〉，北京：《藝術與設計》，2008年2期，第15頁。

[15]從瑋：〈混搭有理——解析服裝視覺焦點學在「混搭」中的應用〉，西安：《西北美術》，2009年3期，第46頁。

[16]張友誼：〈全球化視野下的文化衝突與融合〉，重慶：《西南師範大學學報》，2001年1期，第23頁。

[17]李紹猛：〈文化融合與普世價值〉，北京：《理論視野》，2010年9期，第58頁。

[18]劉國平、於麗娟、劉小紅：〈全球化下的文化衝突與融合〉，濟南：《科技信息》，2008年28期。

第五章　勞動服與領導國家的
　　　　　工人階級

　　20世紀50年代到70年代中期，中國人非常流行穿著勞動服，材質是一種靛藍色的粗棉紗紡織而成的「勞動布」、卡其布、細帆布和粗紡布。勞動服的上身有一個小翻領，三緊（袖口和衣服的底邊收緊）的夾克衫式樣，有5顆黑色的塑料紐扣，衣服的上左側有一個口袋，下身就是一個男裝褲。勞動服的一種變體是工裝褲，工裝褲也曾經是工人師傅們非常時髦的穿著打扮。工裝褲的基本造型是直身寬體，褲腳肥大。其褲身加腰邊，前腰部以上為方形或梯形的護胸兜，上綴一隻貼袋。後有兩條長背帶，可交叉也可並排向前與護兜扣系，為防止背帶滑落，有些在並排的背帶中間加一條橫檔加以固定。與工裝褲相配的襯衫多為小翻領，直身前開襟，長袖或短袖。布料是厚薄不一的棉布，顏色以白色、本白色、藍色，以及各種寬窄不一的條格為主。在牛仔褲發展史上，Lee是美國牛仔文化的三大經典之一。該公司的創辦人H.D.LEE最初是一位工作服製造商。工裝褲就是他製造的經典造型。背帶褲這種款式到了2010年代發展為一種連身褲。連身褲曾經是一種非常有爭議的款式。因為它上下連體所以脫卸不是特別方便，但是卻會因此引發男性無限的聯想，而使得這種褲子無比性感。連身褲的基本款式分為低腰型、高腰型和標準型三種，根

098 | 流行背後的秘密──中國現代服裝的文化內涵

據褲長又分為連身短褲和連身長褲兩種，根據褲長又分為連身短褲和連身長褲兩種，上衣分為長袖、短袖、無袖、吊帶、斜肩和抹胸等。

　　那個時代的口號是「抓革命，促生產」。可見，當時最令人羨慕的工作就是解放軍和工人。那個時候能在工廠上班是一件非常光榮的事情，人們認為勞動者是高尚的，所以穿著一身藍色的勞動服也成了一種榮耀。即使那些不在工廠上班的人也爭著做一件勞動布的衣服。革命現代京劇是文革中紅極一時的「樣板戲」。由於當時傳統的戲劇節目被視為封建糟粕不能上演，故反映階級鬥爭，歌頌「高、大、全」式的革命英雄人物的現代京劇便獨領風騷。1967年5月至6月，包括《紅燈記》、《智取威虎山》、《沙家浜》、《杜鵑山》、《海港》、《奇襲白虎團》和芭蕾舞劇《紅色娘子軍》、《白毛女》，以及交響音樂《沙家浜》等在內的8個革命樣板戲先後在北京上演。戲中塑造了大量的「工農兵」形象，而頭戴勞動帽，身穿工裝褲，脖子上扎一條白色毛巾，就是那時產業工人的典型形象。勞動服不分男女，表明婦女不再整天圍著灶台轉，已經能夠在新社會自食其力了，女工的這一身打扮成為婦女解放運動的象徵。勞動服的流行與中國工人階級的地位提升有著根本的聯繫。

　　中國工人階級的發展經歷了不同階段，其命運與中國社會在不同的歷史發展階段的社會轉型密切相關：1949年新中國成立前是早期中國工人階級形成和發展階段；1949年新中國成立後至1978年改革開放前是傳統工人階級形成和發展階段；1978年改革開放後是當代工人階級形成和發展階段。[1]

　　鴉片戰爭時期，外國資本主義的侵略衝擊了中國社會占據支
配地位的經濟模式，使得商品經濟有了一定程度的發展，資本主
義萌芽開始孕育，為中國近代工業和產業工人的產生準備了一定
的社會條件。鴉片戰爭失敗後，中國被迫與西方列強簽訂了一系
列不平等條約。列強利用這些不平等條約，在中國強行開設通商
口岸和租界，利用中國廉價勞動力和工業原料開辦了第一批外國
資本企業，中國第一批產業工人就誕生在這些外國資本在中國直
接開設的企業裡。與外資辦廠同時期，清政府的「洋務運動」創
辦了一批「官商合辦」、「官督商辦」等以軍事工業為主體包括
民用的近代企業。中國第二批產業工人就誕生在19世紀60、70年
代這些以「洋務派」為代表的買辦資本家開辦的以軍事工業為主
的企業裡。中國第三批產業工人誕生在由中國商人、地主和中小
官僚投資的中國民族資本企業中，外國資本主義的侵入，促成商
品市場經濟的擴展和農民與家庭手工業的破產，為中國民族資本
主義的發展創造了條件。隨著中國民族工業的發展和外資企業的
增加，中國工人階級的隊伍進一步壯大。從鴉片戰爭到甲午戰爭
的半個多世紀裡，在上述三類企業裡形成的中國的產業工人約10
萬人左右。[2]中國工人階級的發展壯大是在20世紀初葉，在1914
年至1918年第一次世界大戰期間，中國的民族資本主義經濟在短
時間內得到迅速的發展，中國的工人階級和民族資產階級的力量
進一步壯大起來，到1919年五四運動前，中國產業工人已達200
萬人左右，成為一支日益重要的社會力量。隨著馬克思主義在中
國的傳播及其同中國工人運動的結合，中國工人階級成立了自己
的政黨──中國共產黨，中國工人階級作為一支獨立的力量登上

了中國革命的歷史舞臺。[3]

　　工人階級是中國近代工業發展的產物，是中國歷史上從未出現過的新興階級。他們與最先進的經濟形式相聯繫，富於組織性紀律性，是先進生產關係和生產力的代表；他們是雇傭勞動者，主要是產業工人，以從事體力勞動為主；他們沒有生產資料，一無所有，只得靠出賣勞動力獲得工資而生存；他們的工資只是勞動力的價值，只能維持勞動力的再生產，此時他們創造的剩餘價值完全被資本家剝削去了，他們在社會化再生產中，不可能致富，只會越來越貧困。[4]

　　1949年新中國的成立標誌著中國工人階級的先鋒隊──中國共產黨作為執政黨登上了中國政治舞臺。《共同綱領》明確規定，「中華人民共和國為新民主主義即人民民主的國家，實行工人階級領導的，以工農聯盟為基礎的，團結各民主階級和國內各民族的人民民主專政。」工人階級成為新社會的領導階級。從1949年到1978年改革開放前的歷史階段，是「中國工人階級實現自己的意志和理想，建設美好的新生活的歷史時期，也是中國工人階級創造歷史的主動性、積極性得以充分發展的時期。」[5]

　　在過渡時期結束到1978年的20多年裡，私有制的社會主義改造完成後，中國進入社會主義社會，資產階級基本被消滅，社會經濟結構逐漸趨向單一。全部社會經濟基本上由全民所有制經濟和集體所有制經濟組成，社會階級階層也隨之發生重大變化。中國只有工人階級和農民階級兩大階級。這時候的工人階級涵蓋中國社會中一切具有城鎮戶口，通過勞動獲得工資收入的「職工」，主要由國有、集體企業職工，政府機關和事業單位的職工

組成。在50年代到70年代的政治體制和計劃經濟體制下，中國實行人員配置的「身分分割」，用檔案、戶口、糧食供應本等制度對不同階層之間劃分了界線。工人階級作為國家的領導階級得到強化，擁有很高的社會地位和經濟待遇，在整個社會結構中處於中心地位，享有一系列有別於農民在政治、經濟、社會福利等方面的特殊權利，工人階級的身分地位要遠遠高於農民階級。他們有經濟地位，是公有制財產的所有者，有穩定的職業，實行終生就業制，無失業的後顧之憂。在勞動保險和福利制度方面，全民所有制體制內部（包括大集體）職工的衣食住行、生老病死甚至孩子的入學、升學、就業都被職工所在單位包了下來。這個階段的工人階級門檻較高，他們是有城市戶口的群體，而農村戶口的人要成為工人階級，只有通過上學、參軍等有限渠道才有可能。因此，可以說，這個階段的工人階級是一種身分的象徵而不僅僅是一個職業概念。[6]

◆ 註釋

[1]黃旭東：〈中國工人階級發展歷史及其特點〉，昆明：《雲南師範大學學報》，2008年6期，第67頁。

[2]劉卓紅等：《現代化建設的主體——當代中國工人階級地位研究》，廣州：廣東人民出版社，2000年，第9頁。

[3]黃旭東：《中國工人階級發展歷史及其特點》，昆明：雲南師範大學學報，2008年6期，第68頁。

[4]黃旭東：《中國工人階級發展歷史及其特點》，昆明：雲南師範大學學報，2008年6期，第67頁。

[5]劉卓紅等：《現代化建設的主體——當代中國工人階級地位研究》，廣州：廣東人民出版社，2000年，第16頁。

[6]黃旭東：《中國工人階級發展歷史及其特點》，昆明：雲南師範大學學報，2008年6期，第69頁。

第六章 「布拉吉」與「蘇化」傾向

　　20世紀50年代末期，時常可以在大街上看到那些梳著油黑的大辮子，身著顏色各異的布拉吉的姑娘。「布拉吉」是俄語（платье）「連衣裙」的音譯，它的基本款式為短袖收腰，皺褶裙擺，能夠顯示出女性的身體美，並且長度適中方便行動。連衣裙逐步成為中國中、青年婦女夏季的日常服裝，主要有束腰型、直身型、旗袍型、馬甲型等；其袖型有短袖、泡泡袖、無袖等；其領型有裝領、無領（包括圓形、方形、橢圓形、V字形、U字型）等。布拉吉通常用各種印花或素色的絲綢、全棉、棉滌材料來做。新中國成立初期，革命者認為傳統的牡丹和梅花等圖案是具有封建色彩的裝飾圖案，而蘇聯傳來的花布是革命的。只幾年的工夫，「布拉吉」就成了漢語中一個最常用的外來詞彙。它應該源於蘇聯的民族服飾「薩拉範」，「薩拉範」是一種短袖連衣裙，在蘇聯十分大眾化。「薩拉範」一詞來源於伊朗語中的「薩拉巴」一詞，意為「從頭到腳」。「薩拉範」最早出現於古羅斯人與東斯拉夫人的分離時期，直到16、17世紀才在蘇聯地區盛行起來。當時，「薩拉範」並沒有統一的稱呼，在莫斯科、斯摩棱斯克，「薩拉範」被稱為「薩拉諾夫」，在阿爾漢格爾斯克則稱其為「古德沙」。「布拉吉」是經由俄國專家和赴蘇留學的留學

生傳到中國的，這是一種表達著中蘇友誼的服裝。有一種說法指出，1954年，前蘇聯領導人米高揚到中國訪問時，提出中國樸素的著裝風格和單調的顏色不符合社會主義大國的形象，號召中國民眾穿花衣，體現社會主義欣欣向榮的面貌，於是帶來了布拉吉在中國的流行。

　　1948年9月初，東北全境解放前夕，毛澤東已經開始勾畫新中國的未來了。經中共中央批准，由東北局負責，選送了21位青年去蘇聯學習革命和建設的寶貴經驗，為新中國建設儲備人才。[1]1950年《中蘇友好同盟互助條約》的簽訂為中國派遣留學生鋪平了道路。整個50年代，中國大約向蘇聯派送了7000多名留學生。[2]同時，從50年代開始中國在倡導「全面學習蘇聯」的同時，開始大規模、全方位地引進蘇聯專家來華工作。50至60年代，大批蘇聯專家為中國國民經濟發展第一個5年計劃的編制、《1956—1967年科學技術發展遠景規劃綱要》的起草等工作提供了幫助。隨著中蘇兩國關係惡化，赫魯曉夫最後藉口蘇聯專家受到不公正待遇而宣布撤走所有在華專家。[3]

　　在當時的歷史條件下，中國選擇蘇化傾向是有其必然性的。首先，1949年新中國建立後，擺在中國共產黨面前的重要任務就是儘快恢復國民經濟和建設社會主義。如何把一個飽受長期戰亂、自然災害破壞的農業國家改造和建設成為一個先進的工業大國，這對於剛取得全國政權的中國共產黨來講是一個嶄新的課題。蘇聯通過自身的努力，從一個落後的農業國一躍成為一個世界性的工業強國，其經濟文化和社會主義建設經驗都成了我們學習的對象。[4]

　　第二次世界大戰結束後，反法西斯同盟瓦解，逐漸形成了以美國代表的西方資本主義陣營和以蘇聯為首的東方社會主義陣營，二者由合作開始走向對抗，形成了兩大勢力對峙的「冷戰」格局。建國初期，中國實行一邊倒的外交政策，旗幟鮮明地站在了蘇聯為首的社會主義陣營裡。嚴峻的國際環境不僅阻礙了新中國與西方資本主義各國的交往，而且迫使新生的共和國更加緊密地靠向蘇聯。[5]

　　1945年，第二次世界大戰結束。包括蘇聯在內的反法西斯同盟國家在戰爭中都遭受巨大損失。在其他主要資本主義國家還在戰爭創傷中苦苦掙扎的時候，蘇聯迅速從戰爭的影響中走出來。用短短幾十年的時間創造了經濟社會高速發展的奇蹟，從一個傳統農業國家轉變成一個新興工業強國，成為世界一流國家，這充分顯示了社會主義制度的優越性。蘇聯作為世界上第一個社會主義國家，取得了如此驕人的成績，不僅擁有30餘年的社會主義建設經驗，也在經濟、政治、文化多個方面實現了跨越性的發展，取得了社會主義建設的成功，形成了一套完善的理論。同時在國際共產主義運動史上，蘇聯式的社會主義在很長的一段時間內成為世界上公認的社會主義模式，被許多新興國家所仿效。在這種歷史背景下，蘇聯模式表現出的強大生命力深深影響了中國的選擇。[6]

　　1956年至1978年，這是反思建國初期學習蘇聯過程中存在的教條主義，破除史達林迷信，解放思想，獨立探索有別於蘇聯模式、適合中國國情的社會主義建設道路，努力在中國實現馬克思

主義與中國實際的第二次結合的階段。之後改革開放新時期，中國特色社會主義偉大實踐推動了馬克思主義中國化走向成熟。[7]

◆ 註釋

[1]曹強：〈紅色兒女──1948年的留蘇學子〉，北京：《黨史博采》，2010年2期。

[2]張久春：〈新中國初期向蘇聯派遣留學生〉，北京：《百年潮》，2008年11期，第56頁。

[3]沈志華：〈五六十年代蘇聯專家在華回顧〉，北京：《國際人才交流》，2009年4期。

[4]代維：〈試論建國初期中國向蘇聯學習的原因〉，長沙：《湖湘論壇》，2012年1期，第10頁。

[5]代維：〈試論建國初期中國向蘇聯學習的原因〉，長沙：《湖湘論壇》，2012年1期，第10頁。

[6]代維：〈試論建國初期中國向蘇聯學習的原因〉，長沙：《湖湘論壇》，2012年1期，第10頁。

[7]黃廣飛：〈從「西化」「蘇化」到「中國化」──馬克思主義在中國的百年發展之路〉，瀋陽：《理論界》，2012年8期，第6頁。

第七章　中國20世紀80年代的
　　　　 流行風潮與嬉皮士運動

第一節　美國的嬉皮士運動

　　嬉皮士運動是20世紀60年代美國影響廣泛、參與人數眾多的「嬰兒潮一代」青年的反主流文化運動。「嬉皮士」一詞最早出現在20世紀50年代美國作家諾曼・梅勒（Norrman Mailer）的小說《白色的黑人》中。嬉皮士們新款的生活方式承襲於50年代「垮掉的一代」的生活方式。[1]1973年嬉皮士在舊金山舉行了一場埋葬嬉皮士的葬禮，嬉皮士運動最終宣告雲消霧散。

　　美國作為最年輕的現代資本主義強國，它所宣揚的自由、民主、平等、個人主義、宗教信仰自由、發財致富的物質追求等文化信息是對歐洲主流文化的反叛，反叛主流文化的思想傾向自建國伊始就植入了美國人的內心深處，並且注定在以後嬉皮士運動的青年文化中留有歷史遺跡。

　　以馬爾庫塞（Herbert Marcuse）為代表的法蘭克福學派一針見血地針砭資本主義的罪惡，其《單向度人——發達工業社會意識形態研究》是嬉皮士運動的教科書。隨著資本主義科技的發展，技術控制無孔不入，滲入經濟、政治、文化、思想意識甚至無意識之中。統治階級利用大眾傳媒等高科技製造虛假需求，誘

使人們走向享樂型消費主義，以此麻痺其思想意識。統治階級在無聲無息中同化、閹割和控制民眾的思想，使其喪失個性、自由及批判理性，最終淪為單向度人。故而，傳統的新教倫理和清教主義在工業化、城市化和消費主義面前顯得蒼白無力。

二戰後，存在主義成為西方主流思潮之一，其中薩特的《存在與虛無》奠定了無神論存在主義的基礎，進而為嬉皮士提供了源源不斷的理論基礎。存在主義者強調存在先於本質，即人不是由上帝或其他因素決定自己的本質，而是通過自己的意志和行動創造自己的本質，從而證明了自我存在的本體論意義。存在主義主張絕對自由說，即人是注定自由的，自由是人的存在本身並非人的某種性質。個人主義作為美國文化發展的一根紅線，也對嬉皮士一代不無影響。梭羅（Henry David Thoreau）在《論公民的不服從》和《瓦爾登湖》中對個人主義進行了集中闡釋，個人利益高於一切，人人有機會根據自己的意志實現自己的目標。

另外，當時美國的國家安全法和麥卡錫主義使整個社會充滿了緊張、壓抑和恐怖的政治氣氛。備受剝削與壓迫的黑人在馬丁‧路德‧金（Martin Luther King）的領導下紛紛覺醒，發起了席捲全美的民權運動，女性也掀起了女權運動，國內還泛濫著不斷高漲的反越南戰爭的情緒，這些特殊的歷史文化背景為嬉皮士們的反抗埋下了伏筆。[2]

然而，嬉皮士們揚言要嘲弄資產階級的假正經，其實僅僅抖露出自由派爹媽的私生活……與其說這是反文化，不如將其稱作假文化。嬉皮士運動給美國社會所帶來的負面影響似乎更大一些。嬉皮士們用各種和社會主流文化相對立的方式來告訴人們

美國社會出了問題。但是，他們吸毒、酗酒、奇裝異服、性放縱……種種用來引起人們注意的方式不但不能打擊資本主義制度，反而轉移了人們對資本主義剝削制度的注意，客觀上起到了保護資本主義制度的作用。嬉皮士們認為規矩是不好的，其結果就是拋棄一切道德標準，同時也拒絕了判斷是非的標準，甚至導致了一些殺人、強暴等犯罪行為的發生，這些都使得運動失去了群眾基礎，加速了運動的失敗。他們吸毒、狂飲和性放縱等行為削弱了青年們的鬥志，更帶來了一系列困擾至今的社會問題。[3]

　　嬉皮士們喜歡的牛仔褲、喇叭褲、迷你裙等叛逆的服飾引領了世界流行的風潮。嬉皮士對性解放的追求體現在年輕姑娘們的迷你裙上，以及解除胸衣對身體的束縛上，它成為後來時尚界出現的透視裝和赤裸風貌的源頭。嬉皮士還喜歡模仿印第安、吉普賽、印度、阿富汗等民族的穿著，喜愛那種未被工業化淹沒的傳統工藝。中國從2008年到2012年流行的波西米亞服飾也是受其影響。服裝設計師伊夫・聖・洛朗（Yves Saint Laurent）借鑒嬉皮士風格於1968年推出了獵裝。獵裝也是受嬉皮士風潮的影響而產生的。

第二節　喇叭褲與日本電影《望鄉》

　　1978年，「真理」這個詞，開始在中國的大地上變得神聖。人們在真理的襁褓中，察覺到日常生活的美好。真理給人以智慧，也給人以找尋「美」的勇氣。這時，一種褲子進入人們的視

野，它恰恰有一個張揚的名字——喇叭褲，它就像大聲朗誦給這個時代的青春宣言，更像是一面張揚個性與自由的旗幟。[4]

喇叭褲在中國的流行與1978年風靡中國的兩部日本電影有關。一部是《望鄉》，影片中栗原小卷扮演的記者面容清秀、氣質高雅，一條白色的喇叭褲讓她的身材更顯裊娜，讓無數少女心中羨慕。此劇取材於山琦朋子的原著《山打根八番娼館》，影片描寫一個海外賣春婦的一生，同時展示了明治時期的日本女性史，以及日本現代史，並以這位女性一生的悲劇，嚴厲地控訴了日本軍國主義與資本主義的罪惡。日本政府從幕府末年1897年開始，直到昭和初年1920年，為了積累發展資本主義的資金，曾把販賣妓女到海外作為謀取外匯的一個手段。一些貧苦人家的女兒，為了替家裡還債，被迫去南洋賣身。她們為國家賺取了外匯，但是命運留給她們的卻是精神和肉體上無法愈合的創傷。影響中國的另一部電影則是《追捕》，矢村警長的墨鏡、大鬢角的長髮和一條上窄下寬的喇叭褲，成了當時無數男青年效仿的對象。

喇叭褲褲襠淺，臀部緊包，膝部窄，褲腳寬大。膝部以上著重突出人體線條，膝部以下過分誇張渲染。喇叭褲據說是西方水手的發明。17、18世紀，英國是航海事業發達的國家，水手在甲板工作，海浪比較大，因此他們就想到喇叭褲這種改變褲形的辦法，用寬大的褲腳罩住靴子，以免水花濺入靴筒。這樣的設計在水手落水被救上來後，也便於搶救，救護者解開落水人的腰帶，拉住褲腳，很容易就能把濕褲子脫下來。

美國的搖滾樂巨星貓王（Elvis Aron Presley）對喇叭褲的流行

起到了重要的推動作用。從20世紀50年代到70年代，他的影響力
持續了20多年，歌曲流行經久不衰。他將孟菲斯的黑人靈魂樂和
R&B，與白人鄉村音樂相結合，形成了特有的音樂與演唱風格。
他向人們展示了一種極富個性和創新意味的白人音樂和黑人音樂
風格的融合。並在表演方式上採取了激進的、與眾不同的方式。
他的音樂成為後來50年代主流搖滾樂的精華。他以白人身分把黑
人節奏布魯斯音樂介紹給了白人，他所承受的壓力和獲得的成功
都是非凡的。

　　17世紀60年代，大批黑人作為奴隸被販賣到北美大陸，到17
世紀末和18世紀初達到高潮，可以說黑人是唯一一個帶著鎖鏈
踏入美國的民族。1661年，弗吉尼亞把販賣來的黑人變為終身奴
隸，促使南方各地黑人奴隸制合法化，黑人由此也成為奴隸的代
名詞。儘管在1862年，林肯（Abraham Lincoln）頒布《解放奴隸
宣言》，廢除了奴隸制，但是黑人仍被白人看作是骯髒、愚昧和
野蠻的下等人。美國內戰後，黑人成為自由人，其公民權在法律
上得到肯定。但由於白人至上主義者的激烈反對，1883年，美國
最高法院否定了之前有關取消種族歧視的法令。1896年，繼《路
易斯安那法》後，美國最高法院再次宣布，在任何公共場所，黑
人都不能介入白人領域，保持絕對隔離。在20世紀中期，種族隔
離又以法律形式被廢除了。這些反覆變更針對黑人權益歧視性的
政策一方面極大地削弱了黑人的社會地位，另一方面更滋長了白
人種族主義者對黑人的歧視與仇恨。黑人在教育、司法和選舉等
方面都存在著與白人的不平等。[5]

　　在美國文化史上，黑人傳統文化也一向被看作微不足道、比白人文化低一等的支流。美國黑人文化的典型代表爵士樂，因為強調官能感受和自我表現，具有強烈的原始音樂節奏而成為反叛精神的象徵。正如大衛・明特所言：「爵士樂縱情多變，不受拘束，自我隨意；它唾棄文雅，無所顧忌；它對虛情假意嗤之以鼻；它代表反叛，崇尚變化。」[6]也正因此，貓王的作品超越了任何一個影響搖滾樂歷史的因素。自貓王以後，鮮明的思想性和強烈的現實批判性的搖滾樂迅速流傳。也因為他的魅力，搖滾樂成為美國全民運動。1950年代，貓王在第一次登臺演出時就穿了喇叭褲。到了1960年喇叭褲逐漸成為美國的時尚潮流，「貓王」把喇叭褲的流行推向了時尚巔峰。60年代末，留長髮、穿喇叭褲成了嬉皮士的突出標誌，隨後流行擴展到了日本和港臺，間接影響了中國。

　　在20世紀80年代初的中國，喇叭褲是一種所向披靡的時尚，被稱為中國時尚界最初的冒險。喇叭褲的出現，開始顛覆了幾十年來中國人對服裝的刻板認知。服裝不僅僅是一個時代最為鮮活生動的記憶，更是一個時代思想變革的前兆。在那個時代，喇叭褲成了個性與不羈的象徵。它成了年輕人對中國人審美習慣最初的挑戰，雖然剛開始挑戰者只是極少數，但是，正是這極少數人的挑戰，悄然地改變當時人們的審美觀，拓展人們的視野，融化人們的保守思想。[7]大約在1985年後，喇叭褲的熱潮消退。

第三節　牛仔褲與美國電視劇
《大西洋底來的人》

　　牛仔褲以粗獷自然、激情四射的平民風格受到了全球人民的歡迎。1979年，中國大陸電視臺播放了美國電視劇《大西洋底來的人》，主人公麥克戴著蛤蟆鏡，穿著牛仔褲，稱自己為「一根從大西洋飄來的木頭」，讓中國觀眾為之一震。沒過多久，街上就有許多戴著還沒撕去商標的蛤蟆鏡，穿著上窄下寬的牛仔褲，手裡拎著正在播放鄧麗君歌曲的錄音機到處遊晃的青年人。[8]來自香港的蘋果牌牛仔褲是中國第一個牛仔褲品牌，1979年上海電視臺播出了第一條蘋果牌牛仔褲的廣告。這在物質貧瘠的中國大陸掀起不小波瀾，蘋果牌的牛仔褲在當時的中國紅極一時。

　　此時有人將牛仔褲的流行上升到政治高度，把它說成是，「盲目模仿西方的資產階級生活方式」。留長髮、大鬢角、小鬍子，穿花格子和牛仔喇叭褲，被人俗稱「二流子」。艾敬的歌《艷粉街》記錄了這一幕：「有一天一個長頭髮的大哥哥在艷粉街中走過，他的喇叭褲時髦又特別，他因此惹上了禍，被街道的大媽押送他遊街，他的褲子已經扯破，尊嚴已剝落，臉上的表情難以捉摸……」1979年底，《中國青年》雜誌挺身而出，發表〈談引導——從青年人的髮式和褲腳談起〉，為青年人說話：「頭髮的長短，褲腳的大小和思想的好壞並沒有必然的聯繫。」[9]

　　其實，當時社會上出現的這種反對喇叭褲流行的聲音，從一個側面反映了，20世紀80年代部分中國青年群體中所存在的「精

神頹廢」現象，從本質上說它是社會病態現象在青年群體中所表現出的消極反抗的文化心理症狀。隨著社會多元化時代的到來和青年群體人數的增加，特別是由於青年待業人數的增加，逐漸形成這種青年亞文化。處於80年代這樣一個改革開放的社會轉型時期，這些沒有固定職業，整日賦閒的城市無業青年既不願循規蹈矩，苦守老一輩人的藩籬，又不願意艱苦創業、披荊斬棘地闖一番事業。他們不是社會渣滓，只是超級痞子，可以說，他們是中國的「雅皮士」。他們或游手好閒，無所事事；或別出心裁，頑性十足；或逛蕩江湖，尋求刺激；或玩弄人生，得過且過；或鬱鬱寡歡，深沉抑鬱。[10]頹廢文化心理與現代戰鬥意識是對立又聯繫的，這種反傳統、反規範和反偶像的精神不是一種積極的反叛，而是一種消極的自我享樂主義。在這種文化心理支配下，國家、民族、信仰、道德等在傳統文化中被視為神聖的東西無不貶值，根本不占任何地位，唯一有意義的就是及時行樂。[11]總之，這場該不該穿喇叭褲的爭論，不僅解放了中國年輕人的臀部，更預示著一個尊重自我選擇的新時代轟然來臨。隨著市場經濟的發展，牛仔褲終於肆無忌憚地走進了中國人的衣櫥。

　　牛仔褲也是20世紀80年代，中國人對時裝凸顯性別功能重新認識的開始，也是對幾十年來封閉觀念的一種挑逗性的試探。70年代末，中國女褲的開口清一色在右邊，男褲的開口在正中間，那時中國男人與女人的家庭關係就像褲子的開口一樣，男人占絕對主導地位，女人只是輔助男人的一個配角。後來，隨著牛仔褲所向披靡，一度遭人唾罵的時尚漸呈燎原之勢，無數渴望被繃緊和凸現的青春藉助牛仔褲找到了宣洩的平臺。牛仔褲特有的銅質

拉鍊唰唰唰，一路小跑帶著中國女人開創了從旁門移到中間的歷史，女人們通過牛仔褲第一次找到了形式上的男女平等。到了20世紀80年代末，女褲的開口都革命到了中間。[12]這種變遷是對女性社會角色的肯定和認同，對女性主義運動的一種理性的促進。美國《國際先驅論壇報》曾經在〈褲子的革命〉裡指出：「過去100年發生在時裝和女性上的變化突然都濃縮在兩條褲腿上，女性在自由、平等和女權方面取得的勝利似乎都表現在她們前進的雙腿上。」到了20世紀末，牛仔褲出現了女性味十足的印花、刺繡、貼圖，牛仔褲專賣店裡也開設起女褲專櫃，女性特質開始受到重視和彰顯。這也暗示了男女關係進入到了一個新的時期。[13]

1853年德國移民里維・施特勞斯（Levey Strauss）隨著當時的淘金潮來到舊金山。孑然一身的他，只帶了一捆帆布，想賣給各地蜂擁而至的淘金礦工做帳篷。當他瞭解到淘金工人需要一種耐磨的褲子時，他就利用帆布製作成一種低腰、直筒和窄臀圍的褲子銷售給工人。牛仔褲以其堅固、耐磨的特性獲得了淘金者的喜愛，里維・施特勞斯也快速成立了自己的牛仔褲公司。其實，以前也有礦工穿這種帆布做的褲子，但是真正的牛仔褲誕生於1873年，這批褲子的最新之處在於使用了金屬紐扣，它被叫做「粗斜紋緊腰工裝褲」，1960年後才被叫做牛仔褲。後來牛仔褲採用由法國人涅曼發明的「尼姆靛藍斜紋棉嗶嘰」布料。

第二次世界大戰期間，美國當局把牛仔褲指定為美軍的制服，大批的牛仔褲隨著盟軍進入歐洲腹地。1947年，牛仔褲有了新的改良，取消了後扣、背帶，增加了褲耳，這些改變奠定了日後牛仔褲的原型。在20世紀50年代由好萊塢巨星貓王、白蘭度

（Marlon Brando）等所創造的時尚形象，令牛仔褲成為不可或缺的潮流裝備。但是電影並沒有讓礦工、農民或西部牛仔去搶購牛仔褲，相反牛仔褲卻成為叛逆者的制服。50年代，直筒型的牛仔褲紅得發紫。60年代是強調體形的瘦窄型的牛仔褲和彩色的牛仔褲唱主角的時代。1963年美國《新聞周刊》在封面刊出穿著牛仔褲的少女，更從正面肯定了牛仔褲在年輕人心目中的地位與形象。而60年代後半期到70年代則是喇叭褲的一統天下。搖滾樂的廣泛流行和嬉皮士的生活方式對青少年的影響，使牛仔褲大行其道。嬉皮士們希望通過奇裝異服或群居生活，追求無拘無束的放蕩，以找回在現代社會中喪失已久的原始情慾和文化創造的衝動力，來擺脫人類陷入的精神危機，從而達到文化超越的理想狀態。這種反主流文化實際上譴責了美國生活中的資產階級價值觀和傳統準則。[14]進入80年代，瘦窄型的牛仔褲捲土重來，更有破洞的標新立異的裝飾。80年代中期以後，流行肥大褲腿和低垮低襠的牛仔褲。這種流行趨勢事實上是受美國黑人Hip-Hop文化影響。

　　牛仔褲代表著西部的拓荒精神和力量。在美國的西部片中，牛仔似遊俠騎士，英俊倜儻、粗獷奔放、身懷絕技、沉默內斂、飄忽不定，具有正義感。但是追根溯源，真正的美國西部牛仔是非常艱苦卓絕的。當美國的城市工業化迅速發展時，引起了大規模的食品需求，西部牛仔們將成千上萬頭牛趕到東部。一路上，飢寒交迫，風餐露宿。在現實生活中，那種勇敢堅毅、不畏艱險、百折不回的精神才是真正的牛仔精神。[15]

第四節　風衣與軍旅風

　　風衣出現在20世紀40年代的第一次世界大戰中，其款式受軍服中的戰壕衣影響。傳統的風衣款式多為直身型，背部有育克，長及膝蓋或小腿，腰部配腰帶，領多為翻領，袖為西裝袖，口袋有斜插袋或大貼袋式。另外，一些風衣還裝有連身衣式或可脫卸式風雨帽。布料常採用有一定防水防塵性能的高密防雨府綢、卡其、毛混紡華達呢，以及各類化纖織物。

　　美國電影《魂斷藍橋》於1931年拍攝完成，1948年在中國上映，1964年在中國風靡一時，男主角身穿風衣的英俊形象給中國人留下了深刻的印象。此後，由高倉健和中野良子主演的電影《追捕》在1978年引進中國電影市場，引起極大轟動。這部作品給中國人帶來了由高倉健所代表的硬漢類型的男性審美。高倉健在電影中身穿風衣的冷峻造型深入人心，真正引領了中國風衣時裝的流行風潮。

一、硬漢與「酷」的誕生

　　在中國的文學世界中，中國傳統的男性審美主要有《白蛇傳》中的許仙型與《水滸傳》中的西門慶型兩種。西門慶類型的男性大都外形英俊，身材魁梧，臉龐柔嫩，性感撩人。與異性交往手段圓滑，極富性吸引力，但情感極不忠誠，喜歡尋花問柳。在經濟上，家庭富有，事業有成，生活方式比較闊綽，但是往往不務正業，花天酒地。在這類男性身上，女性對男性美麗身體的

愛慕占據重要位置，女性對漂亮男性的渴求心理是依據身體適意原則而產生的生命要求，喜好男色正是女性基於現代自由倫理而做出的道德選擇。這些女性的愛欲表達正是女性與男性平等地表達身體自然慾望的話語權利的實踐和運用。但女性的痛苦之源在於，對身體的自然慾望的追求另有境界，即靈肉一致。女性對愛的需求超過對性的需求，女性渴望男性，不僅有性感的身體，而且有高潔的靈魂。西門慶類型的男性固然能給女性感官的享樂，但是他們庸俗淺薄的靈魂，扭曲不忠的心靈，成為女性內心的負重。女性與西門慶類型男性的價值觀是相左的，和他們身體的交往無法安置女性渴望心靈相契的要求，大膽的愛欲訴說遭遇身體與靈魂的嚴重分離。[16]

　　許仙類型的男性個性比較懦弱柔和，對女性的愛充滿了無私奉獻的精神，往往有著戀母情結的痕跡。這種類型的男性是中國千百年來男子弱性人格的歷史延續，是中國最普遍存在的男性形象，是女性對這種男性記憶的集體無意識再現。許仙類型的男性從某種程度上說是女性戀父情結的發展，但是這一形象的缺憾正在於他給女性的愛是母親似的，而缺少了父親的陽剛之氣。許仙類型的男性，正代表著一種被制度、文化、生活壓抑變形的典型。儒學是中國文化的主流和靈魂。儒家理想可以說是對「仁」的追求。而為了實現這一理想，它對作為個體的人提出太多苛刻而嚴厲的要求，如「克己復禮」、「殺身成仁」。[17]中庸是儒家道德的最高標準。正因為傳統文化對中庸之道的極力推崇，所以溫柔敦厚成了最為人們所欣賞的性格。在漫長的專制社會裡，男性所面臨的生存環境是異常嚴峻的。他們在某種意義上不是有血

有肉的人，而只是一個符號，一種象徵。對家族而言，男性承擔著傳宗接代，承續香火的神聖不可推卸的責任，也承擔著光耀門楣，興旺家業的長遠事業。對國家而言，沉重的賦稅，無休止的兵役的承擔者是他們，兼濟天下，造福萬民的也是他們。[18]對男人而言，修身、齊家、治國、平天下，任重而道遠。在層層重壓、重重糾葛之下，他們只能夾起尾巴做人。因此說這種弱性人格的男性是傳統的宗法制度下的必然產物，傳統文學中的許多愛情故事中的男性主人公都體現出了這種傾向。為了反駁這種懦弱的男性形象，到了20世紀80年代尋找男子漢成為女性寫作的重要主題之一。不管是早期的張潔、張抗抗、張辛欣，還是中後期的鐵凝、王安憶等等，這些女作家的許多作品都可以歸結到「尋找男子漢」這個主題之下。[19]也正是在這樣的時代背景下，以高倉健為表徵的硬漢形象被引入中國的審美領域，這一審美形象與中國女性當時潛在的內心需求一拍即合，所以迅速流行開來。

中國傳統文學中也有硬漢形象，但是為什麼這種英雄形象，沒有走進20世紀初受到思想啟蒙，而最先覺醒的女性知識分子的審美世界呢？這是因為中國傳統文學中的英雄，是清一色的無性化英雄。中國民間由於一直流傳女色傷身的說法，因此以習武為生的英雄好漢對此尤為忌諱。梁山好漢俠肝義膽，懲奸除暴，劫殺貪官，滿腔正氣，可謂不折不扣的英雄，但他們都是無性化英雄，梁山也成了「被愛情遺忘的角落」。梁山領袖晁蓋不娶妻室，終日只知鍛造筋骨；他的繼任者宋江只愛學使槍棒，於女色上不十分要緊；梁山的重要首領盧俊義，平昔只顧打熬氣力，不親女色；軍師吳用也沒有妻室，最後自殺時仍然是單身；李逵一

聽到男女之事便焦躁不安，極為厭煩。《西遊記》中的孫悟空是
頂天立地的英雄，火眼金睛，七十二變，就連玉帝都要讓他三
分，可他偏偏患了厭女症，一見絕色女子便看出是妖精。《三國
演義》中的關羽、張飛和諸葛亮也都沒有什麼轟轟烈烈的愛情。
因此無性化的英雄自然不會走進女性知識分子的情感世界。[20]可
以說硬漢形象的引入在中國男性審美中是一件具有突破意義的標
誌性事件。在西方，硬漢形象的誕生是從對現代西方文明背景下
人本主義危機的痛苦反思開始的。

　　在西方文明史上，從文藝復興開始，人本主義就成為主導
性的生命倫理價值觀念。在科學和理性的幫助下，人成為「宇宙
的精華，萬物的靈長」。啟蒙運動以後，人本主義觀念一方面強
調個體價值和尊嚴，另一方面又致力於探求人類群體意義上的自
由、平等、博愛的烏托邦圖景。隨著近現代資本主義的日益發
展，到19世紀末20世紀初，特別是兩次世界大戰以後，一方面個
人慾望的無限張揚導致真、善、美的人性理想在現實中的失落，
另一方面，科學理性牽引下的人類主體價值創造活動越來越趨向
於反人本主義的功利主義價值追求，最終導致個體生命的萎縮和
豐富個性的喪失、群體關係的異化、個人的孤獨以及社會對自我
的擠壓和扭曲。正是在此危機之下，「一種以自我中心主義取代
了人類中心主義」的新的人本主義產生了。在哲學界，這種倡導
自我主體價值、反對普遍的人類理性主義的獨裁、抵制人的物化
和異化、回歸人的自由的聲音，經由克爾凱廓爾、叔本華再到尼
采，言辭越來越激烈。在這個混亂的世界裡，上帝死了以後，人
不應該死，面對個體生命必然的孤獨、失敗和死亡，人應該保持

自己的尊嚴。[21]於是灌注了「為正義的事業而戰」的時代精神和崇高信念的個人英雄主義的楷模──「硬漢」便誕生了。硬漢用自己個體生命的力量、頑強的意志和高傲的尊嚴，堅守自己現實角色的莊嚴承諾，對抗種種嚴酷的現世宿命。硬漢形象高度體現出了外在和內在的自由，行動不受社會和自我的約束，審美主體從中獲得了一種充分釋放的愉悅感。

「硬漢」審美發展到20世紀90年代中期以後，昇華為「酷」的審美文化。「酷」，來源於英文「COOL」的漢譯音。「COOL」在20世紀60年代開始成為美國青少年的街頭流行語。70年代中期，這個詞傳入臺灣和香港，被譯成「酷」。90年代，它由香港傳入大陸，成為青少年群體中最流行的誇讚語。酷具有強大的粘附功能和多重指向。正如酷的一代是被糅雜著許多因素而顯得斑駁的一群一樣，酷的時尚品味也沉睡或者說蟄伏著許多難以一言以蔽之的東西。「酷」一方面指冷傲的、有個性的、具有現代生活方式的人，另一方面指新潮的事物。如果說痛苦只是我們人生的外趨性危機的話，那麼焦慮則意味著我們人生的內趨性危機。中國正在向緊張忙碌的現代社會邁進，這正是焦慮形成的溫床。「酷」的形象中所流露出的焦慮感，從心理學上說正是一種求救信號。扮酷使一貫的風雅矯飾、美輪美奐無以為繼。它將淺白的甚至是粗俗的成分一並吸入，它不追求精雕細琢、微言大義的內涵，而包涵了後現代主義的味道，懷疑、否定的批評意識，反權威、反文化、反主體、反歷史的虛無主義，退出審美空間，墮入經驗世界的玩世現實主義。[22]

二、時裝中的軍服元素

　　從臆想中的古希臘眾神時代開始，男人便極度熱衷於對完美軀體的塑造及展現。而軍裝經過千百年的進化，早已將男人對完美軀體的崇拜與獲得高貴精神世界的訴求完美地結合起來，成功喚起了男人對於實現自身價值的終極嚮往。奧地利小說家赫爾曼‧布洛克（Hermann Broch）曾對軍裝有過這樣的描述：「軍裝真正的功能是表明並規定世界的秩序，控制混亂狀態以及人生的變遷，它用這些堅硬的外殼掩蓋了人體內柔軟的東西。」軍裝具備的神祕催眠功效，將男人的內心世界催生出無比強大的精神力量。[23]軍裝可以提高軍隊的士氣，成為男人炫耀的資本。同樣，當那些硬朗的線條、金屬拉鍊、誇張的銅扣和大口袋……與女人的身體相遇時，就會綻放出奇異的花朵來。合體的軍裝讓女人出足了風頭，它就像緊身胸衣的變體，在同樣的欲蓋彌彰中反襯出肉體的誘惑。沒什麼更讓男人激動的了，那些穿軍裝的女人在另一個戰場上喚醒了他們的征服慾望。[24]正因為軍裝所具有的無限的藝術魅力，所以軍服元素才被一代又一代的設計師們融入到時裝設計中。

　　《卡薩布蘭卡》於1942年拍攝完成，男主角亨弗萊‧鮑嘉（Humphrey Bogart）穿著的戰壕衣成為日後銀幕上獨孤硬漢的必備品。由托馬斯‧巴寶莉（Thomas Burberry）發明的戰壕衣竟成了未來的流行單品，這恐怕是設計者本身所沒有料想到的。一戰期間，戰壕衣的設計進一步發展，增加了肩帶，方便系上軍銜肩章；腰帶上也多出了兩個「D形環」，方便掛手榴彈和其他裝

備。這些別緻的設計後來毫無障礙地為時尚所用。[25]從20世紀80年代至今，風衣一直是中國春秋兩季主要的流行服裝之一。風衣的款式逐漸在原來的款式上不斷與其他類型的服裝嫁接。風衣的顏色也不再是灰色和裸色兩種，而是變得豐富多彩。風衣的布料也開始變得更加輕薄。

擁有一支雄壯的作戰部隊是每個當權者的夢想。在確立了軍服設計標準之後，各國的軍服在裝飾細節上開始日漸繁複。軍服逐漸走出勾勒體型這一單一的功能性，開始具備了如「巴洛克般繁複的美感」。這種現象於18世紀中葉達到頂峰，以當時的軍事大國俄羅斯和普魯士為例，僅騎兵隊便擁有10種不同的制服。法國拿破侖時代的軍隊所穿著的制服可能是整個軍裝史上最精工細作、華麗耀眼的軍裝了，其一身軍服的製作費用高達數百法郎。不同時代的時尚評論家都毫不掩飾對法軍制服的驚訝與艷羨。[26]而這一經典元素最終被設計師搬上了時尚舞臺，2009年至2010年，拿破侖制服風的服裝在中國非常流行。

海魂衫是各國水兵穿著的內衣，通常為白藍相間的條紋衫，俗稱海軍衫。海魂衫的寓意為廣闊的大海與藍天。海魂衫最早誕生在英國。英國國王格奧爾格二世在公園散步時，偶遇布列福爾特公爵夫人，夫人身穿藍衣，腰系白帶，下騎白馬，國王覺得這種藍白相間的條紋很和諧典雅，於是就命海軍將海魂衫作為軍服，各國海軍紛紛效仿。中國水兵的海魂衫更多地是受蘇聯的影響。1950年7月，中國海軍領導機構正式制定出統一的中國人民解放軍海軍制式軍服，中國的海魂衫也由此開始登上歷史舞台。

棉質條紋衫於1951年在時裝雜誌《Elle》7月刊中首次出現，

此後海魂衫這一元素借由法國服裝品牌Jean Paul Gaultier上升成為一種時尚標誌。他在1995年推出了一款名為「Le Male」的男士香水。在海報上，身著海魂衫的模特露出強有力的肌肉，充滿了荷爾蒙的誘惑力。而這位年近60歲的時尚壞小子，幾乎在每一次新衣發布中，都毫不掩飾對這一軍服元素的熱愛。[27]

20世紀60年代中期，海魂衫曾經在中國非常流行。1957年中國上映過一部叫做《海魂》的電影，電影講述的就是中國海軍的故事，劇中海員們身穿的海魂衫曾是無數年輕人傾心嚮往的服裝，海魂衫承載著年輕人對海軍的嚮往。

20世紀90年代，中國搖滾樂「魔岩三杰」之一的何勇，其海魂衫加紅領巾的造型曾經是那個年代搖滾的象徵。搖滾樂起源於20世紀40年代至50年代的美國。最初的搖滾樂是黑人布魯斯、福音音樂、爵士樂與鄉村樂的結合。1951年，美國克利夫蘭電臺將首次播放的一種節奏強烈、歌詞新鮮的音樂稱為搖滾樂。1955年，一名叫比爾‧哈利（Bill Haley）的歌星錄製了一張名叫《整日搖滾》的唱片，搖滾樂的名稱由此傳播開來。60年代美國搖滾樂發生了第一次英倫入侵。70年代龐克搖滾竄紅。80年代搖滾樂由重金屬搖滾壟斷。90年代發生了第二次英倫入侵。搖滾其實包括了伴隨搖滾樂誕生而發軔的一系列思潮和文化運動。中國搖滾樂開始於1986年西北風開始進入中國音樂界的80年代。1986年「世界和平年百名歌星演唱會」的紀念專輯中收錄了崔健的《一無所有》、《不是我不明白》，標誌著中國搖滾樂的正式誕生。1989年，崔健推出第一張個人專輯《新長征路上的搖滾》，這是中國第一張真正意義上的搖滾樂專輯。1990年代初，搖滾樂在中

國大陸達到流行高潮，1994年，魔岩三杰竇唯、張楚和何勇推出了《黑夢》、《孤獨的人是可恥的》和《垃圾場》三張專輯。

　　搖滾的內在精神之一是追求自由，這種自由絕非是讓許多人談虎色變的為所欲為，而是對人類和社會完善性的另一類刺探。搖滾還參與革命，搖滾樂用狂放或溫柔的形象、輕快或強烈的節奏、考究或急就的歌詞，粉碎異化的現實，使不滿如蒲公英的種子四處飛散。但搖滾恪守藝術和文化本分，只為爭做舞臺英雄而殫精竭慮，只和平吟唱不訴諸武力，並時時將吉他作梵音飄向迷途者，將鼓點作木魚敲往偏執狂。搖滾同時躲避意識形態，它寧願在一個巨大的社會迷宮之中以政治直覺為訴求東遊西竄，而不願身陷哪怕是溫暖如家的囹圄，漂流是一種痛苦，但有時也是一種幸福。搖滾還崇尚激情，它用遊移難定的火熱焚毀種種堂皇和偽善，使藝術意味放縱的意象更加清晰強勁，它是那種已經噴射出地面的動盪岩漿。搖滾也質疑理性，它固執地窺探人類的靈魂機密，讓生命中的快感和悲苦盡情向極致邁進。馬爾庫塞在《神祕列車》裡指出，搖滾樂有一種固在的矛盾，「一方面是野心與孤注一擲的心態，一方面是尋根與歷史情懷。」前者是搖滾樂的批判態度，後者則是他的批判方式。90年代中期何勇身穿海魂衫領系紅領巾的行為無疑是一種歷史的回望與尋根，它是搖滾樂手錶達的一種批判方式，一種渴望人類社會回復曾經的單純生存狀態的嚮往。值得一提的是海魂衫一直沒有短袖，我們現在常見的短袖海魂衫是一種變革的產物。

　　條紋無疑是時尚圈中生命力最強的元素之一，它簡單而個性鮮明，似乎從未被拋離出流行的步履之外。2011年具有海魂衫

風格的各種條紋設計的服裝再次大熱，匯聚成演繹50年代經典的懷舊風。條紋衫是法式浪漫主義的經典服飾，色彩簡單、線條簡潔、剪裁合宜、材質天然。

浪漫主義是指18世紀後期至19世紀早期在歐洲興起的一種對理性和以理性為基礎的資本主義文化的反思和批判的文化運動，一種彌漫於整個歐洲的時代精神。17世紀的帕斯卡爾提出了安身立命、尋求精神歸宿的問題，被認為是浪漫主義的思想之源。一般哲學史把盧梭視為浪漫主義的直接先驅，他明確提出反對理性與現代文明，發出了返璞歸真、挽救人的自然情感的呼喊。18世紀末，浪漫主義開始形成於法國，繼而發展成波及英、德等國的全歐性的思想文化運動，橫掃歐洲文明的各個領域，對後世歐洲哲學和社會的發展具有深刻而久遠的影響。[28]「浪漫主義」是由「浪漫的」（Romantic）一詞演化而來。而「浪漫的」一詞又是從法國的「羅曼史」（Romatic）轉化過來的，這個詞的意思是傳奇或者小說。[29]浪漫主義強調人的感官和情感，宣揚人性解放和思想自由，其藝術創作力主張揚個性、宣洩情感並挖掘人的深層精神世界。藝術表現手法多採用對比強烈的、充滿情緒感染的戲劇性效果來表現人性的衝突和社會的矛盾，往往具有一種憂鬱感傷的貴族氣息。[30]海魂衫即是對比強烈，款式簡潔，而且其來源於公爵夫人貴族裝扮的來歷充分顯示其法式浪漫主義的貴族氣息。

2011年LV和Prada等名牌更將條紋衫發揚光大，以簡單的單色條紋將50年代的高貴氣派重新演繹。黑加白、藍加白、紅加白，都是法式浪漫主義的表現。作為一種休閒又隨意的時尚表

情，每一季的條紋都會有所變化，設計師們總是想方設法地在條紋中加入其他元素，讓其更具風采。無論是同類色還是對比色都儘量達到繽紛的效果。

迷彩服起源於現代軍裝，它的反射光波與周圍景物反射的光波大致相同，不僅能迷惑敵人的目力偵察，還能對付紅外偵察，使敵人現代化偵視儀器難以捕捉目標。最早使用偽裝性顏色軍服的是英國軍隊，這種軍服源於蘇格蘭的吉利服。1929年，義大利研製出世界上最早的迷彩服，它有棕、黃、綠和褐4種顏色。1943年，德國為部分士兵裝備了3色迷彩服。之後各國的軍服中都陸續採用了迷彩服。隨著美國越戰電影的大量興起，二手市場便宜又耐磨的迷彩軍服成為窮人們穿衣的最佳選擇，成為經濟環境惡化中的樸素之風的一種折射，而黑人則將之帶入自己的街頭文化中。因此，迷彩服成為Hip-Hop文化中不可或缺的元素。緊接著許多時裝設計師也紛紛投入到迷彩圖案的製作中。[31]Hip-Hop是19世紀90年代始於美國街頭的一種黑人文化，它的四大元素包括打碟（即玩唱片技巧）、說唱音樂、街舞和塗鴉藝術。Hip-Hop最初是一種帶有反文化傾向的亞文化形式，它的破壞性和民間性與我們傳統意義上的流行文化背道而馳。但是到了20世紀10年代，它不但成為了主流文化中的重要組成部分，而且還在迅速地上升、蔓延和發展。

三、軍旅時裝的反戰內涵

1931年7月7日日本發動全面侵華戰爭，1931年9月18日日本侵占中國東北；1938年3月和1939年3月德國先後吞並奧地利和捷

克斯洛伐克；1936年至1939年德、義武裝干涉西班牙內戰；1936
年5月和1939年4月義大利侵占埃塞俄比亞（當時稱阿比西尼亞）
和阿爾巴尼亞；至1939年9月1日德國進攻波蘭；9月3日，英、
法對德宣戰，第二次世界大戰全面爆發。1940年4月至5月德軍
發動閃擊攻勢，占領丹麥、挪威、比利時、盧森堡、荷蘭；6月
10日，義大利對英、法宣戰，乘機奪取英、法在地中海和北非
的殖民地；6月14日德軍占領法國首都巴黎，22日法國投降；接
著德、義軍隊向巴爾幹半島進犯；1941年4月侵占希臘和南斯拉
夫。此後在歐洲和非洲被占領國家的廣大地區人民展開反法西
斯民族解放鬥爭。6月22日德國突然進攻蘇聯，蘇德戰爭爆發。
英、美同蘇聯結成反法西斯聯盟。1941年12月8日（夏威夷時間12
月7日）日本未經宣戰，偷襲美國太平洋珍珠港海軍基地，太平
洋戰爭爆發，大戰規模進一步擴大。半年之內，日軍侵占了馬來
亞、新加坡、菲律賓、印度尼西亞、緬甸及太平洋上眾多島嶼。
　　戰爭把世界分為兩大陣線：參加反法西斯同盟國家的有：
中、蘇、美、英、法等50國，參加法西斯國家集團的有：德、
義、日等7國。在亞洲，中國戰場擔負著反對日本侵略者的主要
任務。在歐洲，蘇德戰場為主要戰場。1942年11月至1943年2月
2日蘇軍在史達林格勒會戰最終獲勝，成為第二次世界大戰轉折
點。1943年7月美英盟軍在義大利南部登陸；同年9月義大利投
降。1944年6月6日英美盟軍在法國諾曼底登陸，開闢了第二戰
場，8月25日巴黎光復。1944年下半年起，蘇追擊德軍，進入東
歐，配合東南歐各國人民反法西斯的解放鬥爭。1945年初，蘇軍
和英美軍隊分路攻入德國本土；4月30日傍晚，蘇聯紅軍中士葉

戈羅夫和坎塔里亞把一面旗幟插上了德國帝國大廈的屋頂，這一壯舉成為蘇軍勝利攻克柏林的象徵；5月2日蘇軍攻克柏林；5月8日德國無條件投降。德國投降後，英、美集中力量在太平洋上展開進攻，8月6日和9日美國在日本廣島和長崎投下原子彈。蘇聯也於8月8日對日宣戰。中國轉入全國規模的對日反攻。中國東北的關東軍日軍主力，迅速被殲。8月15日日本宣布投降，9月2日簽署投降書。第二次世界大戰至此結束。

　　第二次世界大戰是人類歷史上規模最大、損失最慘重的一次戰爭，它使世界人民蒙受了空前的災難。這場戰爭先後有60多個國家和地區捲入，波及20億人口（占當時世界人口的80％），戰火燃及歐、亞、非、大洋洲和太平洋、印度洋、大西洋、北冰洋。作戰區域面積達2200萬平方公里，交戰雙方動員兵力達1.1億人，直接軍費開支總計約1.3萬億美元，占交戰國國民總收入的60％至70％，參戰國物資總損失價值達4萬億美元。[32]

　　中國和蘇聯人民為世界反法西斯戰爭的勝利作出了巨大的民族犧牲和重要的歷史貢獻。據統計，在持續8年的抗日戰爭中，中國作為亞洲反法西斯戰爭主戰場抗擊了70％的日本侵略軍，3500多萬中華民族的優秀兒女為國捐軀，財產損失和物資消耗達1000億美元以上。而據俄羅斯公布的材料，蘇聯在1941年到1945年衛國戰爭期間，因戰爭死亡2700萬人，其中蘇聯紅軍犧牲866.84萬人；物資損失按照1941年的價格達6790億盧布。美國和英國是世界反法西斯同盟的核心成員，也為反法西斯戰爭的勝利付出了重大代價。據統計，美國共有40多萬人在二戰中喪生，英國也有27萬軍人在戰爭中死亡。[33]

　　德國、日本和義大利法西斯是發動第二次世界大戰的元凶，遭到了應有的懲罰。據統計，德國在戰爭中死亡和被俘人數達1360萬人。僅在蘇德戰場，德軍及其盟軍死亡600多萬人。日本在中國戰場上損失150萬人，在太平洋戰場上損失124.7萬人。義大利損失逾16萬人。德、日、義法西斯發動的侵略戰爭，也使這些國家的人民深受其害。在德國本土，有400萬平民死於戰火，1400萬人無家可歸。1945年8月，日本廣島和長崎受到美國原子彈的轟炸，當時死傷20餘萬人。[34]

　　第二次世界大戰是空前的人類浩劫。它吞噬了千千萬萬條生命，令無數城市和鄉村滿目瘡痍，數不清的世界文明遺產毀於一旦。有形和無形的戰爭創傷，在各國人民心靈上打上深深的烙印。2010年是世界反法西斯戰爭勝利65周年。全世界人民都舉行了各種各樣的紀念活動，在二戰電影集中大規模地展演的背景下，軍服元素被大量引入時裝設計，委婉地表達著人們的反戰情緒。[35]

四、金融危機時代的低調裝扮

　　1929年，北美和歐洲爆發了經濟危機，使西方工業國的經濟受到了空前打擊。它所引起的經濟停滯一直持續到1939年第二次世界大戰。這場曠日持久的經濟危機是由金融危機觸發的。20年代的美國經濟繁榮，但到了1929年10月，華爾街股市突然崩盤，大量企業破產。歐洲工業國的銀行紛紛倒閉，物價暴跌，通貨緊縮，整個金融系統陷於癱瘓。到1932年，許多工業國家中有四分之一以上的勞動力找不到工作。

　　1997年夏，亞洲爆發了金融危機。在素有「金融強盜」之稱的美國金融投機商索羅斯（George Soros）等一幫國際炒家的持續猛攻之下，自泰國始，菲律賓、馬來西亞、印度尼西亞等東南亞國家的匯市和股市一路狂瀉，一蹶不振，並波及俄羅斯、巴西等新興市場國家，造成了全球金融市場的不安。亞洲金融危機成了全球經濟的最大威脅，短短一年內，它把一個世界上最具活力、增長最快的地區變成了一個金融最不穩定、經濟最蕭條的地區。

　　2007年至2009年的世界金融危機又稱次貸危機、信用危機、金融海嘯和華爾街海嘯等。在次級房屋信貸危機爆發後，投資者開始對按揭證券的價值失去信心，進而引發流動性危機。即使多國中央銀行多次向金融市場注入巨額資金，也無法阻止這場金融危機的爆發。直到2008年9月9日，這場金融危機開始失控，並導致多間相當大型的金融機構倒閉或被政府接管。

　　愈演愈烈的經濟衰退，讓時尚圈一度盛行的奢華主義逐漸收斂，取而代之的是沉寂已久的新保守主義，冷色調加簡約風。據心理學家說，當人感覺到壓抑和悲觀的時候，總想把自己包裹起來，因此，高領、長袖、長裙、厚褲襪就成為流行趨勢。同時，經濟不景氣帶來了裁員危機，由於正統的服裝使人顯得更穩重可靠，所以摒棄前衛時髦，回歸保守簡約才是應對經濟危機的正確之道。收入的減少還讓人們的消費觀念更理性，不是一味地追求奢華、時尚、另類，相反簡約、實用、經典的設計成為人們的新寵。春、秋和冬季都可穿著的長款外套成了人們追捧的熱門款式。一些經典的海軍風格或灰色條紋的面試裝正在回歸。2010年

開始，國際和國內軍旅風的服裝流行略有抬頭，軍綠色也成為各個品牌追捧的顏色之一。與此同時，能夠振奮人心的鮮亮色彩也成為關注的對象。2012年國際和國內也出現了紅、黃、橙、熒光綠、玫瑰紅等顏色的大熱，及大撞色的搭配設計。

第五節　蝙蝠衫與追星族

20世紀70年代末至80年代初期，伴隨著改革開放的推進，海外家電產品大量涌入中國內地，打先鋒的便是錄音機和與之相配的磁帶，其中尤以鄧麗君的磁帶傳播最廣。港臺歌曲的傳入帶來了流行音樂這種新的音樂文化形態。1989年間，「卡拉OK」這一新的娛樂形式引入中國，並迅速在北京、廣州等大城市流行。由於其聲像帶多為港臺作品，導致大批港臺歌星的盒帶正式引進，形成自鄧麗君以來第二次港臺歌曲輸入的高潮。值得一提的是當時港臺歌星的時髦裝扮深刻地影響了內地的流行文化。明星是時尚風潮的引領者，大眾的崇拜使得他們擁有了忠實的粉絲。隨著大眾傳媒的發達，人們從電視、廣播和報刊中尋求自己的楷模和角色定位，並根據他人的評判隨時調整和塑造自己的角色。鄧麗君穿著蝙蝠衫登臺表演，引起了國內蝙蝠衫的流行熱潮。人類社會進入工業化時代以後，將科技、藝術、自然和人文達到微妙的平衡是服裝設計師非常關注的一個問題。蝙蝠衫、喇叭褲、荷葉邊和燈籠褲等服裝都是利用自然元素在服飾文化中不同演繹的結果。蝙蝠衫經歷了從具有較高影響力的明星偶像到普通大眾這樣一個由上到下、從專業領域到大眾公共領域的傳播過程。除

了20世紀80年代初，2011年至2012年中國的時尚界又經歷了一次蝙蝠衫流行的回潮。

雖然在近代中國，京劇大師梅蘭芳就已經擁有了眾多的票友，即早期的追星族，但是真正的「追星族」這一詞彙卻是從20世紀80年代才開始出現的。當時的追星族主要是指那些對演藝明星極度崇拜和追求的人群，他們觀注有關明星的一切信息，並在語言、行為、習慣和服飾等方面對其進行模仿。[36]蝙蝠衫的流行即是最早的追星族追逐明星流行的結果，追星已經演化為一場全民參與的娛樂盛宴。心理學認為，「偶像崇拜」是一種特殊的社會心理現象，它特指由於「光環效應」而形成誇大的社會印象和盲目的心理傾向，把個人喜好的人物看得完美無缺，從而導致高度認同、崇尚並伴有情感依戀的一種複雜的心理行為。[37]80年代，正是中國經濟、社會結構發生改革轉型的時期，隨著改革開放的進一步擴大，越來越多的港臺甚至外國明星出現在大眾娛樂媒體中，在光環效應的渲染下，引發了部分大眾的偶像認同意識，於是追星現象發生了，當追星規模與日俱增，最終被以「族」來描述時，追星就不單是個人行為，而是已成為一個普遍存在的社會現象。[38]

追星是一種表明自我實現的心理慾望。演藝明星超人的表現力和感染力產生一種巨大的人格力量。追星族下意識地把自我實現的願望化作了對明星們的追求，明星已經成為一種成功的象徵，追星族對明星的崇拜實際上就是對自我潛能的肯定，也是對自己前程的幻想。[39]有人將社會群體分為三個部分，第一類是具有明確的自我意識的人。他們是社會群體的極少數，主要是科學

家和藝術家。他們大都獻身於某一項事業，工作對他們來說完全是內在需求，是人內在地感覺到的一種與責任完全不同的自我沉迷。他們所熱愛的工作逐漸取得了自我的特徵，與自我同一，融合起來，成為一體。成為個人存在不可分割的一部分。一個愛好藝術的人可能一生都無大成，但由於獻身於自己熱愛的事業，他就是一個自我實現的人。所以對這些人來說，他們永遠都不會感到焦慮、空虛和孤寂，也不會有自卑或卑微等不健全的感情。他們自覺到了自我存在的價值，而不須另找一個對象化的形式來證明它。第二類是自我意識受到壓抑的人，這部分人在社會中占了絕大多數，嚴酷的生活現實消解了他們實現自我的需要，低級的物質需要同化了其高級的精神需求。生活的艱辛已經消耗了他們全部的精力，因而也就不可能提出更高的精神需求。第三類是具有自我意識的人，這部分人介於前兩者之間，比自我實現的人多，但比壓抑了自我的人少。追星族就是這類人，他們在明星身上找到了自我投注，在夢幻中回味著成功的喜悅。[40]追星在本質上也是一個追求美的過程。演藝明星經過包裝後，展現出來的是他們絢麗奪目的一面，他們成為追星族心目中自我設定的完美形象的代表。

第六節　健美褲與美國電影《霹靂舞》

《霹靂舞》是20世紀80年代最震撼中國青少年的歌舞片，它於1984年在美國上映，於1987引進中國。該片講述了一位受正統舞蹈教育的舞者被兩個街頭舞者的表演所感染，決定把霹靂舞

帶到舞臺上去的故事。三個人經過努力，終於在舞蹈考試中脫穎
而出。霹靂舞起源於美國，一開始只不過是城市青年炫耀體內荷
爾蒙的一種非暴力的形式，後來卻迅速發展成為一種街頭文化。
其創始人是美國東海岸黑人歌星詹姆斯・布勞德。片中的女主角
在舞蹈的時候穿著的就是後來在中國非常流行的健美褲。健美褲
在中國一般以黑色為主，有很大彈性，有的上寬下窄，有的上下
緊身，褲腳下還連著一條帶子，以便踩在腳下，產生一種拉伸
感，襯托出腿部的修長。同時，電影中男性舞者穿著的燈籠褲也
走進了中國人生活中，但是只在極少數年輕男性的範圍內流行。
同時，隨後在幾乎每個城市的大街小巷，都可以看到手戴無指手
套，身著牛仔服跳霹靂舞的少年。這也許是改革開放後第一次
「文藝復興」，第一次身體解放，第一次對西方流行文化產生狂
熱的崇拜，第一次身體力行的感受時尚。

第七節　從迷你裙到身體的逐漸裸露

一、讀圖時代的來臨

　　隨著電子傳媒時代的到來，人們在感知外界、接受信息時
不再只偏重視覺文字，而是更偏愛視覺圖像，人類進入了一個
集體的讀圖時代，也就是德國哲學家海德格爾所說的世界圖像
時代的到來。這種轉向始於19世紀，如同尼爾・波茲曼（Neil
Postman）所分析的，「到了19世紀中期，照片和其他插圖突然
大量侵入了符號環境，丹尼爾・布爾斯廷（Daniel Boorstin）在其
著作《圖像》中將其稱為『圖像革命』。」[41]進入20世紀之後的

現代社會，「圖」勝於「文」，「看」取代了「讀」的趨勢愈演愈烈，「我們正處在一個視像通貨膨脹的非常時期，一個人類歷史上從未有過的圖像富裕過剩的時期。以語言為中心的文化，日益轉向以視覺為中心的文化。在西方，這個轉向的軌跡清晰地與後現代轉向糾結；而在中國，我們也已深切地感受到這個轉向，它似乎和日益完善的小康社會關係密切。」[42]而在視覺圖像中心取代語言文字中心的過程中，人的身體作為一種消費慾望的對象和符號，被前所未有地展示出來，甚至成為新聞傳播的內容本身。1999年12月在互聯網誕生了世界第一個脫衣新聞節目即赤裸新聞。每位女主播會一邊報道當天的全球要聞，一邊慢慢地脫光衣服。該節目推出後大受歡迎，每月觀眾人數從400萬增至600多萬。該節目已經推出電視版，並陸續進駐美國、加拿大、俄羅斯、保加利亞電視臺。目前，出現赤裸新聞的國家有加拿大、美國、英國、俄羅斯、日本、香港、匈牙利和保加利亞等。從傳統意義上說，作為電視新聞的播報人，其身分只是新聞內容的轉述者而非生產者，他們只是起到陪襯和輔助的作用，並不是內容本身，而在赤裸新聞中，手段和形式本身就是內容，甚至是主要內容。[43]

二、人類身體的基本涵義

（一）自然的身體

　　人類的身體包含著三種基本的涵義：自然的身體、審美的身體和政治的身體。

　　自然的身體是一切審美的基礎。西方文明的源頭是古希臘

文明，在古希臘有兩句至高無上的哲言：一句是「藝術摹仿自然」，一句是「人是萬物的尺度」。[44]身體作為自然界給人類饋贈的一項厚禮，人們自然對身體進行過無數次的觀察與研究。而人類審美活動的基礎就是建立在對自然界的觀察與研究之後，在內心的深處得出一種以自我為標準的美學評價與衡量，任何時候人類對美的審視都是以自己心目中的標準來進行的。由於身體代表著一種最原始自然的美，在古希臘人的評判世界裡，身體自然之美就成為最至高無上的美，其結果是形成了一種全民性的對美的崇尚。主體把自身確定為客體，這是人類獨有的，也是一切美學的基礎。所以，在一切視覺藝術中都有裸體的存在。裸露身體的自然美，同時欣賞這種自然美，這就是一種健康的審美觀念。[45]

隨著人類社會的發展，特別是工業化、機械化成為社會物質發展的主體之後，人類發現在機器的包圍下人類越來越失去獨立的自我、獨立的精神，甚至於可以說人成了社會大機器的一個部件。但是正如馬克思所說：「資本以雇傭勞動為前提，雇傭勞動也以資本為前提。它們相互以對方的存在為條件，相互使對方產生。」[46]然而這種互為條件帶來了相互對抗，「勞動著的個體使自己異化，他通過勞動所產生出來的環境不是作為他自己的環境，而是作為異化了的財富和造成其貧窮的環境與他發生關係。」[47]這就是說，工人用自己的身體創造出了資本，反而使自己受到控制。正是在這種生產過程的矛盾下，工人異化了，身體異化了。身體在這裡竟然成為自己生產自己牢籠的工具，或者說身體成了自己生產出的機器的一個部件，一個組織部分，而且更

為荒謬的是，人類還在不斷地生產，不斷地為自己套上這種自造的牢籠。人類開始由理論上的主宰變成物質和慾望的奴隸，拼命地幹活，拼命地賺錢，然後就是拼命地消費。人類陷入一個萬劫不復的怪圈，生存本身變成一種荒謬的存在，人類迷失了自己，同時也迷失了目標，在物質與慾望的驅動下人類無法控制自己的天平，普遍的失衡成了現代社會的一種常態。人類如何自我救贖？如何找回丟失的自我？如何構築新的平衡支點？反思的結果演變成尼采喊出的那一句話：「回歸身體，一切以身體為準繩」。[48]也就是說，服裝逐漸裸露的趨勢代表著，進入發達的工業化社會的人們企圖尋找那已失去的過去，向原始的自然人體回歸的一種思想傾向和行為方式。

（二）審美與情慾的身體

　　人類先民根本沒有與生俱來的倫理觀念，由於物質生存條件的局限，並不回避裸體相處。生殖崇拜使得人類特別看重女性和男性的第一性征和第二性征。世界各地發現的早期的裸體女塑、雕刻和繪畫，無一不是強調和誇大女性的性徵。後來有人率先用一些植物、動物毛皮或編織物遮掩性感部分，這樣做不是意識到了羞恥，恰恰是為了引誘異性的注意，刺激異性的慾望。引誘異性的人體修飾，是人類最早的藝術原創。性表現是服裝起源的重要學說之一。經過數千年的演繹和變化，性在服裝上的表現已跨越了原始的朦朧階段，成為當今時裝設計大師們樂意表現的最重要的藝術主題之一，同時也被越來越多時尚青年所接受。性是美的母體，性使服裝的藝術主題具有了更深厚的物質基礎，或者說性是服裝藝術不可或缺的組成部分。[49]

　　文明伴隨著男性的獨裁而誕生，正如恩格斯所說：「最初的階級壓迫是同男性對女性的奴役同時發生的。」於是，女性逐漸淪為男性的附屬、寵物甚至是財產。在父權制和嫉妒觀念產生以後，羞恥心理得到發展，衣裳蔽體的習慣也逐漸形成，身體的全面遮掩成了服飾的主流。從此以後，世界的一切都是用男性的眼光來衡量。原始時代的放縱，變成了文明時代的自製。古人雲，兩足而羽謂之禽，四足而毛謂之獸。直立而衣謂之人。直立而衣是人和動物的根本區別之一，而在人類進入現代物質文明階段之後，裸露之風反而越來越盛，體現在服裝趨勢上是瘦、露、透的逐漸流行。有數據顯示，1994年明星的身體平均裸露比例為39％，2008年明星的身體平均裸露率提高到59％，到了2010年明星裸露出的大約是3／4的身體。人的自然形態成為表現中心，身體本身的美取代了服裝的附加美成為表現主題。進入20世紀以來，服裝流行的總趨勢是從傳統的重裝轉向現代的輕裝，從裝飾過剩轉向簡潔樸素，從束縛肉體轉向解放肉體，從限制行動自由的正裝轉向穿著舒適便於生活行動的休閒裝。[50]就中國的情況而言，從歷史上看，對於裸露部位的規範主要是針對女性而言的，而且除在唐朝等少數朝代的少數時期外，總體上是採取了較為嚴格的限制。而在當代中國，個性心理以前所未有的多樣化服飾形式表現著，求新求異求美的自我要求成為人們著裝行為的基本要求，人們試圖擺脫權威和傳統去追求個性。在中國，20世紀80年代以秀腿的表現為要點，出現了迷你裙；90年代以肩部的美化為最突出特徵，出現了吊帶裙；2000年背部成為展現的焦點，出現了露背裝；2004年乳溝初現，出現了低胸裝，並以裸露腰部為時尚，出現了低腰褲。

（三）政治的身體

　　從18世紀開始，歐洲人就意識到了裸露的價值。1790年，法國人塑造了一個名叫瑪麗安的裸胸美女，她胸前掛著象徵著平等的木工刨子，平等的訴求通過赤裸的身體強烈地凸顯出來；1830年，在法國畫家歐仁‧德拉克洛瓦所繪的油畫《自由引導人民》裡，一位赤裸的女子一手舉著代表新生力量的法蘭西共和國旗幟，一手握著為自由而戰的武器，赤裸的身體緊緊抓住了人們渴求自由的內心。2007年5月，法國前總統薩科齊從希拉克手中接任。由於法國此前發生了民眾騷亂，歐憲公投失敗，法國人在精神上跌入低谷。法國需要注入新的活力來喚醒沉睡的政治激情。此時，薩科齊在美國新罕布什爾州一處湖濱別墅度假地，赤裸上身與兒子泛舟湖上，這張照片於2007年8月9日在《巴黎競賽畫報》上刊登出來，並迅速傳遍全國，國人為之振奮。同樣，俄羅斯總統普京也曾裸露上身陪摩洛哥阿爾貝二世親王在河邊釣魚。這個裸露行為可以說是俄羅斯強勢外交的隱喻。[51]裸露實質代表的是人體的一種內在力量，它是人類社會在發展過程中身體力量的一種文明展示。古希臘的大力神海科雷思就總是裸體的。[52]

三、服裝的逐漸裸露

　　超短裙也叫迷你裙，標準長度是直立時食指和無名指可觸及裙的底邊。瑪麗‧奎恩特（Mary Quant）被譽為迷你裙之母。1934年瑪麗‧奎恩特出生在英國威爾士的阿伯拉斯特威斯，她是一個教師的女兒。16歲到了倫敦，就讀於倫敦金飾學院繪畫系，畢業以後在女帽商埃里克的工作室裡開始她的設計生涯。她的設

計對象，針對當時還未引起人們注意的少女時裝。[53]1955年，她和丈夫在倫敦著名的國王路上開了一家名為Bazaar的服飾店，他們的服務對象就是青年，她推出的第一件服裝，就是後來聞名遐邇的迷你裙。這種微弱的震動，預示著服裝界未來的強烈地震，這是具有劃時代意義的一步。1962年，她特為美國市場設計了第一個系列，美國《時尚》雜誌率先刊登了她的女裝作品，立即受到了廣泛的歡迎。1963年，她成立了活力集團公司，以迷你裙為代表的青年女裝，猛烈地衝擊著世界時裝舞臺，這股被史學家稱之為「倫敦震蕩」的新浪潮，伴隨著嬉皮士運動，帶來了波及全球的大震蕩。1965年，她進一步把裙下擺提高到膝蓋以上四英寸，此時英國少女的裝扮已成為令人羨慕和仿效的對象。這種風格被譽為「倫敦造型」，到了60年代中期，「倫敦造型」成為國際性的流行樣式。[54]到了70年代迷你裙的流行風尚快速消逝。從80年代起，迷你裙開始滲入辦公室每一角落，很多女士們開始把迷你裙穿到工作間。

瑪麗‧奎恩特是意識到必須為新一代創造新面貌的第一人，她首先衝擊了這個國家及世界大部分人對服裝的傳統觀念，摧毀了阻礙年輕天才得以發揮的壁壘，在時裝領域裡，開啟了長久封閉的窗戶，使得時裝不再為貴婦們所壟斷，標誌著一個歷史新紀元的開始。伴隨著迷你裙的身體展露，比基尼泳衣、中性服裝和無上裝服裝都是這個瘋狂年代的瘋狂產物。對傳統觀念的否定，是每一次服裝革命的宗旨，但從60年代開始的這次衝擊，遠比以往的革命更為猛烈和澈底。

隨著港臺文化對中國的影響，20世紀80年代中國也興起了迷

你裙的穿著時尚。中國在新中國建立後的相當時間內，服飾文化都是非常保守的，迷你裙的流行對中國身體解放的衝擊是相當大的。然而與世界流行服裝趨勢相應和，中國人的服裝裸露並沒有就此停止而是緩慢地放開了腳步。

1998年夏季吊帶裙特別流行，這是內衣外穿風貌的一個典型例子。其實，在1996年、1997年夏季就已經有了預兆：吊帶裙曾被若隱若現地罩在短外套下。吊帶裙並非新款，伊夫・聖・洛朗1960年就曾推出。這種樣式的關鍵和醒目之處在於肩部的吊帶，它原本是內衣上或晚裝上的一個部件，卻移植到了日常服裝上。有些女性既想趕潮流又怕輿論壓力，就想出聰明的方式，內穿T恤外穿吊帶裙。人們在裸露肉體的過程中，將原本被視為肉體的一部分的內衣當作裸露和表現的對象了。

大概在2000年左右出現了露背裝和單肩的不對稱設計。在2011年至2012年單肩的設計又出現一次流行回潮。2012年甚至出現了背部全裸的時裝。國際上，最早的露背裝出現在1990年，前衛派設計師簡・波爾・戈爾齊埃（Jean Paul Gaultier）在那年秋冬巴黎高級成衣發表會上推出了裸露整個後身的女裝，觀眾為之駭然。而單肩的不對稱設計則是受希臘女裝的影響。在傳統希臘女性服裝中，褶皺、單肩（不對稱的領部設計）、素色成為最為核心的三大元素。地處亞非歐交接之處的希臘，自古就以悠久的文化享譽世界，而希臘神話也成為人類的文化寶藏之一，並以其獨特的審美觀形成了與眾不同的希臘式服裝。眾多服裝設計師從希臘女神裝扮中汲取靈感，進行改良，選擇更為大膽出挑的造型和配色，創造出新一代的性感造型，實現了古希臘風情在當代的新生。

　　大概在2005年左右，中國出現了低胸裝。這種由低胸和乳溝等元素構成的流行趨勢由西方傳來。在西方，女性的傳統著裝法則是，上裝可以低胸但下裝必須厚實嚴密，可以說，「袒胸露乳」是西方的審美傳統之一。

　　中國人在胸的問題上一向是比較低調的。除了唐朝之外，中國人的胸部基本上是密不透風的。清代就連西方列強也未能使青樓的小鳳仙的衣領矮下一寸。可見，中國人對脖子以下之態度是力求回避的。這是一塊私密性極強之地，社會話語並不張揚這一方水土。中國古詩歌中有讚美女人的臉、手、嘴、腰、頭髮的，就是沒有描述胸部的。雙乳承擔的是哺乳的功能，更多的時候它並不指向色情。解放後，女人的胸也沒大解放，它始終是一個器官，社會化的關注較少。一度，胸大的女性還想抹小抹平這一特徵。一個大胸的女人要想遠離「不正經」的議論，要拿出電影《小街》中女主角張瑜的功夫，用白布緊緊的纏住胸部，使其扁平。如果未婚女性不幸胸大，則會招致「思想複雜」等諸般惡評，思想品德和生活作風都要遭到質疑。而到了2005年左右，女人對豐胸的渴望則開始肆無忌憚了，鋪天蓋地的各種豐胸藥品、豐胸手術都渲染了這樣一個價值鏈條：大胸——女人味——被男人愛——女性價值得以實現——女人通過把握男人來把握世界。至此，中國進入了男性對女性胸部的初級階段的狂熱時期，或理解為男性話語的居心不良的暴力統治階段。實際上，文明的胸不僅排斥改造，也排斥男權，一個健康的女人是對自己的身體擁有自主權的人。女人的胸從「遮」到「露」，從「平」到「挺」，應該根據女人自己的意願而不應該根據男人的審美眼光。

　　幾乎在同時，低腰褲（hip-hugger）也已成為一種時尚，最先鋒的低腰褲，腰頭左右兩側已經低過髖骨，褲腰卡在髂結節部位。這種褲子在下蹲的時候會露出臀溝。低腰褲剛開始只有牛仔裝，後來就開始向軍旅裝、嘻哈裝蔓延，並全面覆蓋一切類型休閒褲。垮褲褲襠長及膝蓋，臀圍大而寬鬆。有人說，這種褲子可能起源於美國監獄的囚犯，監獄內專供囚犯穿著的褲子大都是非常寬鬆，而且沒有腰帶，他們出獄後，由於穿慣了原來的褲子，所以就特地買那種鬆大的牛仔褲來吊著穿，後來就慢慢形成了一股新的流行風潮。2011年左右中國開始流行垮褲與低腰褲，甚至兩者合流。哈倫褲是垮褲的細分。哈倫褲又叫蘿蔔褲和錐型褲。哈倫褲的老祖宗應該是來自保守的穆斯林婦女服裝，這種褲子的名稱來源於伊斯蘭詞彙「哈倫」，它起源於伊斯蘭後宮女子的穿著，又名伊斯蘭後宮褲。2009年秋冬各大品牌時裝發布會上，Kenzo、Chloe、TsumoriChisato等大牌全都狂推哈倫褲。這種將正經褲子的腰際線下挪到道德警戒線的褲子，在全球範圍內引起了時尚界的狂熱騷動。暴露在光天化日之下的內褲和腹股溝與臀溝引發了道德界的勃然大怒。事情的嚴重性甚至上升到了法律高度。美國路易斯安那州的議員德瑞克薛佛認為應該立法禁止民眾穿低腰褲出入公共場所，違者應被罰款500美元並面臨最高6個月的監禁。

　　2012年中國出現了透視裝。主要是長裙透視。「透視風貌「是美國設計師格雷齊率先創制的，他發布了讓模特不著內衣，僅穿薄透外衣的設計，這些設計成為蔑視以往的著衣習慣，代表新時代的作品。

　　總之，中國改革開放初期的80年代，是一個充滿理想與激情

的年代，雖然當時的社會中仍然存在著物質生活的貧困、思想意識的僵化、社會關係的畸形，但這一切由於「文革」的結束與改革開放政策的實施，突然都有望得到改變，這給了整個社會以極大的鼓舞與刺激。整個社會文化呈現出積極向上的態勢，人們的內心洋溢著熱情，外表也變得活潑，充滿個性和自由的理想主義精神開始復歸，並成為這時期具有標誌性的文化特徵。這是一個在僵化體制格局中個體慾望充溢的時代。[55]

西方文化起源於古希臘、羅馬和希伯來文化，到了中世紀又融進了阿拉伯文化。隨著資本主義興起、文藝復興運動與宗教改革，西方文化逐漸穩定下來，並在科學革命和思想啟蒙運動之下逐漸成熟。隨著經濟全球化和中國改革開放，西方文化以不可阻擋之勢進入中國，帶來了深遠的經濟、文化影響，改變了人們的生活。80年代的這場大規模地引入西方文化，是一次主動選擇的結果，透過對西方世界的理想化、浪漫化想像來完成的，是藉助外部力量化解內部危機的一種方式，是中國走出文革陰影，邁上現代化道路的一條重要途徑。「現代化」在全社會範圍內逐漸內化為一種情緒性的積極意願，具有不容置疑的合法性。

這些服裝展示著新時期以來中國在現代文明衝擊下的特殊狀態，展示了平凡人的「常」與「變」，以及在兩相乘除中所有的哀樂，呈現著中國當代社會轉型期人們特殊的心態。反映了歷史變革、社會轉型時期的矛盾和衝突、眷戀和批判，但在本質上是對社會發展和歷史進步的期待、肯定和認同，更多的是對新中國成立到文革結束這一歷史時期的反思和批判，對改革開放以來，國人在政治、思想、文化、倫理、生活觀念等方面的思考和探討。

◆ 註釋

[1]鍾玲：〈嬉皮士──傳統文化的反叛者〉，宜賓：《宜賓學院學報》，2005年7期，第68頁。

[2]魏紅坤：〈於自我放縱中追尋本真──美國嬉皮士文化窺略〉，樂山：《樂山師範學院學報》，2010年10期，第110頁。

[3]黃鸝：〈論美國六十年代嬉皮士運動的意義〉，合肥：《安徽文學》，2007年1期，第113頁。

[4]葉匡政：〈1978年流行語：喇叭褲〉，杭州：《觀察與思考》，2009年4期。

[5]焦雲俠：〈美國黑人種族歧視的根源〉，北京：《民主與法制》，2006年9期，第38頁。

[6]虞建華：《美國文學的第二次繁榮》，上海：上海外語教育出版社，2004年，第4頁。

[7]葉匡政：〈1978年流行語：喇叭褲〉，杭州：《觀察與思考》，2009年4期。

[8]吳真：〈牛仔褲青春咒語〉，哈爾濱：《北方人》，2006年1期。

[9]吳真：〈牛仔褲青春咒語〉，哈爾濱：《北方人》，2006年1期。

[10]劉廣濤：〈20世紀末中國小說中的「病態青春」主題研究〉，聊城：《聊城大學學報》，2005年1期，第9頁。

[11]張新穎：〈中國當代文化反抗的流變：從北島到崔健到王朔〉，長春：《文藝爭鳴》，1995年3期。

[12]姚美美：〈牛仔褲上的男女關係〉，北京：《中國社會導刊》，2007年4期，第62頁。

[13]姚美美：〈牛仔褲上的男女關係〉，北京：《中國社會導刊》，2007年4期，第62頁。

[14]姜守明：〈牛仔褲：當代美國「粗文化」現象解析〉，南京：《學海》，2003年1期，第171頁。

[15]萬青：〈衣著時尚是一種深刻的社會文化──從牛仔褲來看性別權力關係的變遷〉，淮南：《淮南師範學院學報》，2006年5期，第51頁。

[16]韓冷：〈葦弟與凌吉士──女性想像世界中男性形象的兩極〉，信陽：《信陽師範學院學報》，2007年4期。

[17]楊劍影：〈淺析中國民間故事男性形象弱化、被動化、女性化現象〉，萍鄉：《萍鄉高等專科學校學報》，2000年2期。

[18]楊劍影：〈淺析中國民間故事男性形象弱化、被動化、女性化現象〉，萍鄉：《萍鄉高等專科學校學報》，2000年2期。

[19]韓冷：〈葦弟與凌吉士──女性想像世界中男性形象的兩極〉，信陽：《信陽師範學院學報》，2007年4期。

[20]韓冷：〈葦弟與凌吉士──女性想像世界中男性形象的兩極〉，信陽：《信陽師範學院學報》，2007年4期。

[21]于冬雲：〈硬漢神話與生命倫理〉，北京：《外國文學評論》，2000年2期，第44～45頁。

[22]程迪：〈「酷」的心理品格〉，上海：《社會》，1999年10期，第22頁。

[23]〈軍裝──重塑男人的終極制服〉，http://www.shison.cn。

[24]羅瑪：《開花的身體──一部服裝的羅曼史》，上海：上海社會科學院出版社，2005年，第77頁。

[25]〈軍裝——重塑男人的終極制服〉，http://www.shison.cn。
[26]〈軍裝——重塑男人的終極制服〉，http://www.shison.cn。
[27]〈軍裝——重塑男人的終極制服〉，http://www.shison.cn。
[28]李正義：〈浪漫主義精神的哲學詮釋〉，山東：《齊魯學刊》，2009年6期，第86頁。
[29]馬明明：〈論18—19世紀西方藝術中的浪漫主義〉，南寧：《歌海》，2009年1期。
[30]化鉉：〈法國浪漫主義文藝思想及其繪畫形態〉，南陽：《南陽師範學院學報》，2004年8期，第82頁。
[31]〈軍裝——重塑男人的終極制服〉，http://www.shison.cn。
[32]劉強：〈以史為鑒 為世界和平夯實基礎——紀念世界反法西斯戰爭勝利60周年〉，赤峰：《赤峰學院學報》，2005年5期。
[33]劉強：〈以史為鑒 為世界和平夯實基礎——紀念世界反法西斯戰爭勝利60周年〉，赤峰：《赤峰學院學報》，2005年5期。
[34]劉強：〈以史為鑒 為世界和平夯實基礎——紀念世界反法西斯戰爭勝利60周年〉，赤峰：《赤峰學院學報》，2005年5期。
[35]www.XINHUANET.com。
[36]秦曉燕：〈青少年「追星族」現象探析〉，長沙：《湖南教育學院學報》，2001年5期，第90頁。
[37]錢鎮宇：〈追星族與偶像崇拜〉，上海：《青少年犯罪問題》，2003年5期，第24頁。
[38]劉建輝：〈追星族心理調查〉，武漢：《成功（教育）》，2012年3期，第283頁。
[39]劉建輝：〈追星族心理調查〉，武漢：《成功（教育）》，2012年3期，第283頁。
[40]趙小雷：〈追星族的社會心理分析〉，西安：《西北大學學報》，1999年2期，第107頁。
[41][美]尼爾·波茲曼（Neil Postman）：《娛樂至死》，南寧：廣西師範大學出版社，2004年，第98頁。
[42]周憲：〈反視覺文化〉，南京：《江蘇社會科學》，2001年5期，第71頁。
[43]劉暢：〈裸露性傳播的學理關照〉，烏魯木齊：《當代傳播》，2008年1期，第20頁。
[44][德]赫爾德：《人類困境中的審美精神》，劉小楓、李伯杰、吳裕康等譯，北京：東方出版社，1994年，第11～12頁。
[45]趙新平：〈裸露的文明——西方體育文化中身體的另一種解讀〉，濟南：《山東體育學院學報》，2008年12期，第19頁。
[46][英]喬治·拉雷恩（Jorge Larrain）：《意識形態與文化身分：現代性和第三世界的在場》，戴從容譯，上海：上海教育出版社，2005年，第14～15頁。
[47][德]尼采：《權力意志》，張念東、凌素心譯，北京：中央編譯出版社，2000年，第37～38頁。
[48][德]尼采：《權力意志》，張念東、凌素心譯，北京：中央編譯出版社，2000年，第37～38頁。
[49]吳衛剛：〈佛洛伊德的性學說與現代服裝設計中的人體美〉，上海：《東華大學學報》，2001年6期，第139頁。
[50]於瑤：〈「薄、透、露」現象與裸露文化〉，哈爾濱：《藝術研究》，2005年3期，第31頁。

[51]和靜鈞：〈裸露的政治〉，上海：《世界知識》，2007年18期，第27頁。

[52]韓勇：〈古希臘運動員裸體運動的原因分析〉，北京：《首都體育學院學報》，2003年4期，第7～9頁。

[53]〈瑪麗‧奎恩特的迷你裙人生〉，http://www.efu.com.c，2012年11月20日。

[54]〈瑪麗‧奎恩特的迷你裙人生〉，http://www.efu.com.c，2012年11月20日。

[55]房福賢：〈尋根文學與20世紀80年代激進主義思潮〉，太原：《山西大學學報》，2011年3期，第51頁。

第八章　獵裝與文化殖民

　　獵裝原本是打獵時穿著的服裝，具有子彈袋、收腰等結構，採用防露水的布料。20世紀80年代獵裝開始在中國流行。現已發展成為日常生活穿著的緝明線多口袋、背開衩樣式的上衣。獵裝有短袖和長袖之分，又有夏裝與春秋裝之別。

第一節　狩獵的歷史

　　狩獵對於人類社會的發展具有重要的意義。現代人大約起源於14萬年前的非洲，並不斷向世界各地擴散，在6萬年前後已經到了澳洲，在兩三萬年前已到了南美。現代人的擴散很可能與狩獵行為直接相關。[1] 2.5百萬年前，也就是已知的最早的石器年代，人類使用石塊、棍棒、帶繩索的石球狩獵。在3萬年前，人類開始使用弓箭、擲矛等長程的射殺武器騎馬狩獵。在距今數百年的時間，人類開始使用獵槍狩獵。使用獵槍狩獵捕殺的效率是驚人的，從1800年到1900年短短一百年間，北美洲數以千萬計的野牛留下來不到一千頭。[2] 總之，狩獵活動已有200多萬年的歷史，在畜牧和火耕之後，狩獵由農業所替代，狩獵食物的功能也逐漸轉化為貴族的嗜好、軍事訓練與禮儀操練。這樣狩獵也從原

來的生存技術轉變為權力技術。³

第二節　貴族氣派

　　狩獵一度被視作英國貴族的一項高尚的傳統運動。英國的狩獵文化已經有幾百年的歷史了，英國紳士們的狩獵行為其實是對傳統文化的尋根。同時，狩獵的娛樂性也是很突出的，尤其當狩獵在社會生產中退居次要地位以後。人們縱馬馳騁時，感受到的是自由的力量，一箭射中奔逃的野獸時，體驗到的是勝利的快感。總之，人們可以從狩獵中體會到自我價值的實現。⁴同樣，英國貴族們狩獵的目的也不是為了獲取食物，而是為了娛樂，為了體現他們特有的貴族氣派。因而，在英國，狩獵有著特有的形式，那就是狩獵者們不是用槍來射殺獵物，而是讓成群的獵犬追逐並捕殺獵物。獵狐是英國貴族最熱衷的一項活動。狐狸狡猾機敏，不宜捕獲，通常要藉助獵犬、獵鷹的配合，經過長時間騎馬追逐才能獵取，這大大刺激了人們的好勝心，同時還能體現獵狐者的機智、耐心和強壯的體力。另外，獵狐所需要的巨額開支非一般人所能承受。19世紀初一頭好的獵犬往往價值400至700鎊，而獵狐通常需要幾十隻獵犬。獵狐還需要廣大的私人領地，並要求主人有財力承受獵狐所造成的農作物損失。因此，18世紀以來，英國貴族們常借獵狐來顯示自己的財富和地位。而獵狐則被看作是出身高貴的人唯一值得嘗試和注重的樂事。到了20世紀，雖然貴族的地位已明顯衰落，但獵狐卻作為一項傳統運動吸引著越來越多的英國人，並逐漸成為了一項大眾運動。每年11月農作

物收割完畢到第二年4月新作物播種這段期間，狩獵者們會雲集英國各地鄉村獵狐。[5]

　　總之，獵裝作為英國貴族在打獵時候穿著的服裝，其審美文化內涵蘊含了英國紳士高貴的氣派。

　　人與自然既鬥爭而又渾然一體的生存狀態，及其蘊含的自然之美，在狩獵活動中得到了生動的展示。農耕民族在充滿冒險刺激的狩獵中可以培育強悍、勇猛、自信的品質。然而，狩獵者執著於獵殺的快樂與自我擴張的驕傲，這種以自己的生命意志為出發點的價值取向，使他們不可能真正地親近大自然，更談不上對維護自然和諧的生態倫理的責任擔當。獵殺行為暴露出了，主體快樂道德倫理的殘酷性。狩獵文化建立在對野生動物的血腥殺戮之上，漠視鮮活生命的價值意義，而現代文明則倡導保護自然萬物，狩獵文化必將受到現代文明日益嚴峻的挑戰。

第三節　文化殖民

　　發達資本主義國家一方面想增強自己的實力，一方面又想實現對別國的控制，在資本現代性統治的時代，出於資本本性的必然要求，這一目標的實現有賴於其資本力量全球化的對外擴張，特別是向後發國家的殖民擴張。從15世紀末起，一個發軔於歐洲的殖民主義勢力，開始悄悄爬上人類歷史的舞臺。繼而經過16、17、18、19乃至20世紀前後大約五百來年的悠悠歲月，其荼毒所及，幾乎籠罩整個世界，並且在20世紀初葉的第一次世界大戰結束後，達到登峰造極的頂巔。這種惡勢力和其構成的環球殖民體

系，在隨後的第二次世界大戰結束後，急劇下降，走向沒落。[6]在帝國主義國家中英國所占的殖民地最多，大約為3340萬平方公里。[7]

　　歐洲殖民主義者對殖民地的探險和掠奪，表現了人性最陰暗的一面。他們血腥屠殺、強取豪奪、種族歧視、毀滅文化。在西方對非西方他者的表徵中，時間的政治學扮演了重要的角色。他者已經被想像成在社會和文化上落後的、中世紀的、古老的、史前的或僅僅越過了時間矩陣的客體。西方殖民者的殖民地狩獵，往往被當作在地理空間上是前進了，但在歷史時間上是回溯了。這種手段把殖民地現存的統治集團加以剔除，並以現代性的名義使殖民者對殖民地的控制得以合法化。為了進入現代社會，落後的原著民族要求更先進的外國人來統治、控制、指導和援助自己，這被認為是一個無可爭辯的事實。[8]殖民地是殖民者理想的被觀看、被消費、被書寫的他者，在他者的土地上，殖民者獲得了獵殺和審美的消費滿足，而他們留在這塊土地上的是酒瓶、商標等現代文明的垃圾。殖民者的生命快感和自我榮耀在殖民的過程中找到了一種文化上的優越感，這是一種不折不扣的文化霸權行為。

　　全球化浪潮自近代以來就初現端倪，到了20世紀70年代以後，科技革命帶來了生產力的迅猛發展，使得經濟的全球化成為全球化進程的主線。經濟全球化的主要變化之一便是發達資本主義國家用文化殖民這種方式來作為其資本殖民擴張的新工具。[9]從19世紀後半葉一直到20世紀70年代之前，全球化初步發展時期，發達資本主義國家進行殖民擴張的主要形式是武力殖民，即通過對外軍事掠奪戰爭來進行殖民擴張。70年代後，尤其

是冷戰結束後迄今，發達資本主義國家藉助全球化進行殖民擴張的主要形式已經轉變為文化殖民。文化殖民指的是，發達資本主義國家為了實現向後發國家進行資本擴張，力圖把文化當作一種可操作的資源，為其在新形勢下的擴張尋求合法性，為現行的新殖民主義政策的推行論證合理性。發達資本主義國家立足於自身的文化強勢地位，向廣大後發國家進行文化擴張和滲透，迫使後發國家接受其文化價值觀念和意識形態等，以達到制約和影響世界事務的目的，甚至強制干預後發國家內部發展過程，以及國內政治決策過程。[10]因此，從一定角度來看獵裝在80年代引入中國，剛好是西方國家對世界實行文化殖民的時代，再加上獵裝本身所承載的狩獵、探險和殖民等涵義，可以說獵裝正好是文化殖民的絕好隱喻。

◆ 註釋

[1]陳勝前：〈史前人類的狩獵〉，北京：《化石》，2005年2期，第13頁。
[2]陳勝前：〈史前人類的狩獵〉，北京：《化石》，2005年2期，第13頁。
[3]戴國斌：〈從狩獵之射到文化之射〉，北京：《體育科學》，2009年第11期，第79頁。
[4]黃麗娟、黃琳斌：〈《詩經》、《左傳》與周代狩獵文化〉，蘇州：《中學歷史教學研究》，2000年1期。
[5]袁滿：〈英國真的會禁止狩獵嗎〉，北京：《光明日報》，2001年2月9日。
[6]劉經緯：〈20世紀：環球殖民體系從頂點走向崩潰〉，北京：《地圖》，2006年3期，第44頁。
[7]劉經緯：〈20世紀：環球殖民體系從頂點走向崩潰〉，北京：《地圖》，2006年3期，第45頁。
[8][英]Dibyesh Anand著：〈西方對他者的殖民表徵：以異域西藏為案例〉，勵軒譯，蘭州：《西北民族研究》，2011年4期，第192頁。
[9]李春火：〈全球化與文化殖民〉，蘭州：《蘭州學刊》，2007年10期，第146頁。
[10]李春火：〈全球化與文化殖民〉，蘭州：《蘭州學刊》，2007年10期，第147頁。

第九章　羽絨服與冰雪文化

　　羽絨服的起源應該歸在毛皮類衣服誕生的一類，毛皮類衣服大概產生在距今30萬年前的舊石器時代晚期。原始的皮衣是以人的腰部為中心逐步擴大至全身，形成完整的人體著裝。中國的山頂洞人、許家窰人亦是如此。新石器時代，人類已進入到使用亞麻纖維來作為布料的時代，同時，人類也已掌握穿針引線和縫裁技術，因此皮衣的造型也脫離了原始的有機自然造型，而是以滿足於自身需要為前提。而在愛琴海文明時期的克里特島上，人類已使用羊毛、棉花等纖維製成布料。因此這一時期毛皮類服裝在審美與實用方面以及在製造工具、紡織技術上都有了歷史性的進步。

　　在中國，周代人們就已經開始用鳥獸的毛羽製成羽衣禦寒。據《韓非子・五蠹篇》記載「婦人不織，禽獸之皮足也」。《禮記・禮運篇》記載：「昔者，先王未有宮室，冬則居營窟，未有火化，食草木之實，鳥獸之肉，飲其血茹其毛。未有麻絲，衣其羽毛，後聖有作，治其麻絲，以為布帛。」到了漢代，人們用氂牛毛做衣服絮料，《後漢書・輿服志》記載「上古穴居而野處，衣毛而冒衣……」。唐代又用鵝的毛絨做衣被絮料，唐朝那著名的「霓裳羽衣舞」便是風華絕代的楊貴妃穿著驚艷的霓裳羽衣，

驚倒了盛世皇帝李隆基。而在清代的著名小說《紅樓夢》第49回中描寫的「琉璃世界白雪紅梅」的景象，則是指那些美麗女子在雪中穿著「大紅猩猩氈與羽毛緞斗篷」的情形。

現代羽絨服是在滑雪服的基礎上發展來的。滑雪服又稱滑雪衫，最早為歐美人登山和滑雪時穿著的服裝，20世紀80年代的中國，滑雪衫有茄克式、風衣式和直身式等等。滑雪服的表面織物比較柔滑，一般是能夠防水的尼龍布、尼絲紡等，內在填充物主要是腈綸棉，後來內在填充物改為鴨絨，故發展為羽絨服。1982年日本電視連續劇《血疑》在中國熱播，電視劇中的男女主人公都有穿著羽絨服的鏡頭，滑雪服隨即在中國流行開來。滑雪服分為競技服和旅遊服。滑雪服的顏色一般十分鮮艷，這不僅是從美觀上考慮，更主要的是從安全方面著想。

中國是羽毛羽絨資源極其豐富的國家，羽絨加工利用及貿易具有悠久的歷史。早在20世紀初期，中國就已開始創立羽絨加工業，一百多年來，中國的羽絨加工業從無到有，從手工作業邁步發展為機械化和自動化，從完全為外商所操縱，到實現自主經營，從出口原料為主，到原料、製品並重，羽絨加工工業有了很大發展。20世紀80年代初期，是中國羽絨服市場的興起期，國內羽絨服的年銷量只有幾十萬件。當時布料檔次和加工水平都不高，款式單調、含絨量低、填充量大、外觀臃腫，被戲稱為「麵包」服。

20世紀90年代，是中國羽絨服市場的發展期，羽絨服行業已經取得了突飛猛進的發展，並在國際市場中占有了舉足輕重的地位。[1]此時中國市場上曾經流行過脫卸型羽絨服。

　　從2001年至2005年，是中國羽絨服市場的輝煌期，年均增長速度達到了25.6％，在服裝行業其他品類都不同程度地遭遇發展瓶頸的時候，羽絨服行業卻一枝獨秀。[2]從2005年至今，在GDP加快增長，製造業比重保持平穩，對外貿易大幅增長，加工貿易所占比重逐漸下滑等背景下，中國羽絨服市場競爭激烈，市場開始重新洗牌。此時消費者對於羽絨服設計的時尚性需求排在第一位。

　　之後的幾年，羽絨服的市場發展呈現時而波谷時而波峰的曲折發展路向。2006年是中國自1951年以來最暖的一年。持續的溫暖使得羽絨服從冬季一開始就沒能享受到按正價銷售的待遇，而之後的12月及1月這些以往每年的銷售旺季，更是成了「滴血促銷季」。[3]2007年羽絨服企業尸橫遍野，七成企業被淘汰。這一年羽絨服企業積極地適應市場的需求集體改走時尚路線。2008年，羽絨服產量比上年同期下降了13.62％，羽絨服出口量在上年下滑11.2％的基礎上繼續下滑，比上年同期下降9.2％，大型零售業羽絨服市場銷量下降5.15％。[4]2009年的冷冬使得羽絨服市場異常火爆。這一年時尚度已經成為羽絨服品牌重要的賣點和行業發展的關鍵詞。2010年再次遭遇暖冬，歷史重演了2006年的一幕。2011年至2012年的冷冬使得羽絨服的銷售有所回升。中國現已成為世界上最大的兒童羽絨服加工生產國和出口國。國民經濟的持續快速增長，人民生活水平的日益提升，拉動了勞動力價格的上漲，使勞動密集型的羽絨服加工業逐漸失去優勢，同時客觀上使羽絨服製造業由低端生產加工向高端自主品牌轉移，羽絨服業由「中國製造」向「中國創造」轉變。在這種形勢下，調整產

品結構、強化自主品牌意識成為中國羽絨服業發展的大趨勢。此時出現了更加輕薄的羽絨服，並開始在款式上大膽革新，模仿各類時裝，如蓬蓬袖款式的羽絨服、羽絨短裙和羽絨短褲等等。同時，將混搭理念引進羽絨服的設計，羽絨服的設計中加入蕾絲等夏季元素。總之，從粗陋到精緻，從臃腫到輕薄，從單調到多彩，從單純的保暖禦寒到時尚健康，羽絨服以它特有的保暖、輕柔、蓬鬆，而且綠色純天然等優點，贏得了人們長久不衰的喜愛。

由於羽絨服源於滑雪服，所以羽絨服自然會使人想起滑雪運動以及冰雪文化。滑雪運動起源於北歐的挪威、瑞典等國。[5]在挪威首都奧斯陸以北的利勒哈默爾地區，距今4000多年的壁畫上就有滑雪的形象。[6]1877年在奧斯陸成立了世界上第一家滑雪俱樂部，1880年在此地創立了滑雪學校，1883年成立了挪威滑雪聯合會，1886年在挪威舉辦了近代第一次滑雪比賽。[7]19世紀中葉，在歐洲阿爾卑斯山地區，產生了高山滑雪運動。到1890年前後，在奧地利、瑞士、義大利和法國等國正式出現了滑雪比賽。1924年第一屆冬奧會在法國夏夢尼舉行，從此掀開了世界競技滑雪的新篇章。[8]在中國，滑雪運動的出現晚於歐洲，最早在一千三四百年前的《隋書》中，就有關於居住在黑龍江省大興安嶺地區的室韋族，「射獵為務，食肉衣皮……地多積雪，懼陷坑井，騎木而行」的記載。「騎木而行」就是中國最早的滑雪運動。[9]

滑雪場是滑雪事業發展的重要載體，全球滑雪場的演變大體經歷了四個過程：第一代高山滑雪場主要為山村滑雪場，發源於19世紀中葉阿爾卑斯山周圍的一些國家，如瑞士、法國、奧地

利、義大利、德國等。第二代滑雪場出現了機械輸送系統，興起於20世紀30年代的歐洲和北美。第三代滑雪場興起於20世紀70至80年代，主要分布在後起的經濟發達國家和新興工業國以及少數發展中國家，如日本、韓國、智利、阿根廷等。[10]也正是在這個時期滑雪服傳入中國。

　　滑雪者在滑雪時呼吸著清新的空氣，觀賞著周圍的風景，白雪遮蔽了突兀的岩石，蒙蓋了疊嶂起伏的樹林，使得原本險峻的山峰平添了幾分柔情。滑雪者像鳥兒一樣自由穿行在銀裝素裹的樹林裡、原野上，完全融入到優美壯麗的大自然的懷抱之中，人與自然完美和諧，彰顯了「天人合一」的真正內涵。根據佛洛伊德的《釋夢》，飛翔的夢就是春夢，與本人的性需要和性喚起有關，是對性幻想的一種偽裝釋放。[11]所以人們對有如飛翔般的滑雪運動的迷戀，從某種程度上來說，也是一種渴望激情的本能需要。

　　千百年來，人類圍繞著冰雪創造出絢麗燦爛的文化。冰雪好似這片土地上一位嚴厲苛刻的導師，磨礪人的意志，強健人的筋骨，塑造了人們堅韌執著、頑強不屈的品格；冰雪又好似恩愛有加的慈母，賦予了這片土地無盡的豐饒，養成了生活在這片土地上的先民們，淳樸豪邁、奔放樂觀的性格。人類在與冰雪砥礪相磨的過程中，得以不斷地成長與強健。人們也從早期的恐懼冰雪，逐漸地發展為喜歡冰雪，熱愛冰雪，並最終與冰雪融為一體。北方人民在千百年的生活中已經與冰雪交融成相濡以沫的情感關聯，並構成了一種血脈相連的文化因緣。

◆ 註釋

[1]〈中國羽絨服產業大勢速覽〉，北京：《中國製衣》，2006年12期，第17頁。

[2]孟楊：〈制勝之道　領跑而非跟隨　冰潔引領羽絨服品牌以時尚突圍〉，北京：《紡織服裝週刊》，2009年39期。

[3]葉靜：〈羽絨服，這個冬天有點冷〉，北京：《中國經濟週刊》，2007年10期，第52頁。

[4]春蓮：〈羽絨服品牌對決時尚大戰〉，北京：《中國紡織》，2009年11期，第133頁。

[5]中國體育大事典編委會：《世界體育大事典》，北京：中國致公出版社，1993年，第664頁。轉引自韓杰、韓丁：〈中外滑雪旅遊的比較研究〉，西安：《人文地理》，2001年3期，第26頁。

[6]馬奇：〈1994年冬季奧運會東道主——美麗的旅遊小鎮利勒哈默爾〉，北京：《中國旅遊報》，1993年9月16日，第4版。轉引自韓杰、韓丁：〈中外滑雪旅遊的比較研究〉，西安：《人文地理》，2001年3期，第26頁。

[7]中國體育大事典編委會：《世界體育大事典》，北京：中國致公出版社，1993年，第664頁。轉引自韓杰、韓丁：〈中外滑雪旅遊的比較研究〉，西安：《人文地理》，2001年3期，第26頁。

[8]韓杰、韓丁：〈中外滑雪旅遊的比較研究〉，西安：《人文地理》，2001年3期，第26頁。

[9]中國體育大事典編委會：《世界體育大事典》，北京：中國致公出版社，1993年，第664頁。轉引自韓杰、韓丁：〈中外滑雪旅遊的比較研究〉，西安：《人文地理》，2001年3期，第26頁。

[10]韓杰、韓丁：〈中外滑雪旅遊的比較研究〉，西安：《人文地理》，2001年3期，第27頁。

[11]韓冷：《京派敘事文學的倫理內涵》，北京：中國社會科學出版社，2011年，第53頁。

第十章　運動服與中國女排三連冠

中央電視臺於1983年播出的日本電視劇《排球女將》，這部真正意義上的青春勵志劇，講述的是主人公小鹿純子不平凡的成長經歷。交織著親情、友情和愛情的曲折故事，以及略帶魔幻色彩的排球技巧，給觀眾留下了不可磨滅的記憶。[1]自幼與父親相依為命的小鹿純子活潑開朗，她最大的心願就是成為一名出色的排球運動員，實現自己母親的夢想——參加奧運會。於是她闊別家鄉來到東京，加入白富士學校排球隊。在教練的嚴格訓練下，純子的運動天賦逐漸顯露，被選為排球隊的主力參加全國排球聯賽。由於表現出色，小鹿純子和好友由加入選了國家女子排球隊，實現了夢寐以求的願望。誰料國家隊裡高手雲集，競爭異常激烈，教練還下令禁止純子練習「晴空霹靂」，苦惱中的純子請求由加和她一起練習，而由加身患絕症，將不久於人世，所以拒絕了純子的請求，在誤會中兩人的友誼破裂。知道真相後的純子傷心欲絕，她化悲痛為力量，更加刻骨訓練，終於成功入選為奧運選手，實現了由加的願望。[2]《排球女將》拍攝於1978年，共71集，根據石森章太郎的漫畫改編，改編者是上原正三，導演寺山惠美子，由鷺宮製作所、東影影技研修所、東京寶映聯合錄製。《排球女將》的日文名為《燃燒吧，扣球》，引進後劇名改

為《排球女將》，也有稱之為《青春的火焰》的。在那個新舊交替、充滿變革的年代，社會生活中，處處洋溢著一種奮發進取的氣息，《排球女將》的引入，正好契合了這種時代精神。

排球在1958年第3屆東京亞運會上成為正式比賽項目。1974年德黑蘭亞運會上，倉促組隊的中國女排首次參加亞運會即獲得了第三名。當時國內形勢還比較動盪，加上在當年的世錦賽上男女排表現都不好，最終中國女排遭遇暫時解散的尷尬。1978年曼谷亞運會上，時任女排主教練的袁偉民大膽啟用郎平出任主力。不過，面對整體實力高於自己的日本隊，中國隊最終敗下陣來獲得亞軍，但已比上屆有所進步。破格啟用郎平，使中國女排增加了實力，攻擊力量進一步提高，為整體實力的跨越性進步做好了鋪墊。中國女排在袁偉民的帶領下，在80年代開始騰飛。以郎平、陳亞瓊、孫晉芳、陳招娣為首的一大批優秀選手的涌現，幫助中國女排馳騁國際賽場，先後在世界杯、世界錦標賽和奧運會上5次蟬聯世界冠軍。國人備受鼓舞，一時間，「女排精神」傳為佳話。回到亞洲賽場，中國女排更是所向披靡，這期間幾乎囊括了所有亞洲冠軍，並連續在1982年、1986年和1990年的三屆亞運會上斬獲金牌，再創「三連冠」佳績。[3]五個世界冠軍頭銜加上三座亞洲金杯，中國女排成為了國人的模範和驕傲，更是中國在80年代開始騰飛的象徵。《排球女將》與全國流行的女排精神相呼應，一時間，排球成了全國最熱門的運動。

說起女排亞運三連冠對當時中國人的重要意義，不得不提一下幾乎同時影響中國人的另一部電視連續劇《霍元甲》。1981年由香港亞視製作的電視連續劇《霍元甲》，由黃元申、米雪、梁

小龍等香港明星主演，在大陸播放時萬人空巷，《霍元甲》連同主題曲《萬里長城永不倒》一時風靡大江南北，一度令內地觀眾為之著迷。在《霍元甲》裡，西洋大力士和日本武士一再侮辱中國人是「東亞病夫」，而霍元甲激憤打敗對手，以此證明中國人不是「東亞病夫」的情節，激動億萬觀眾的心靈。霍元甲不甘忍受侵略者的欺淩和狂妄，毅然走上擂臺，用自己的生命振奮中華民族的國威，用自己的武學境界令帝國主義列強的拳師在中國賽場上顏面掃地。儘管《霍元甲》是一部悲壯的史歌，但其表達的民族精神和愛國主義情懷得到極大的體現，無疑是激勵中國人自強不息，在社會主義市場經濟建設發展中奮發進取的精神動力。近代中華民族的自強不息精神表現為不甘沉淪、百折不撓，堅決與屈辱命運抗爭，而此時，它更通過《霍元甲》在人們的心中留下了深深震撼的烙印。[4]

中國的國家形象以1840年為界呈現出截然不同的面貌。1840年以前的中國形象，是物阜民豐的天朝大國，是文明悠久的禮儀之邦。義大利人馬可·波羅寫於13世紀的中國遊記裡，描繪的中國的文明與富裕，曾經極大地震撼了歐洲。1840年鴉片戰爭以後，中國在與進入工業文明時代的西方的對抗中不斷失敗，使中國的國家形象與1840年以前呈現出截然不同的面貌和色調。[5]

清朝末年，國家衰敗，男人吸食鴉片瘦弱無力，女人三寸金蓮弱不禁風。1906年京師大學堂第二次運動會的總結報告中寫道：「東西各國罵吾為病夫，我因此而反觀之，我四萬萬同胞中，纏足者二分之一，吸鴉片而骨瘦如柴者則去二分之一中的三分之一，花天酒地至死而不悟者則去二分之一中的三分之一，好

談清靜無為而一事不知者有之。以此計之，四萬萬人中有三萬萬七千五百萬為病夫矣。」另外，中國自漢以後文武分途，導致重文輕武，也是國人日漸病弱的原因之一。宋以後尤甚，文不言武，武不言文。1903年梁啟超寫的《新民說‧論尚武》中說：「重文輕武之習既成，於是武事廢墜，民氣柔靡，二千年之腐氣敗習，深於國民之腦，奄奄如病夫，冉冉如弱女，溫溫如菩薩，戢戢如馴羊。」1840年鴉片戰爭爆發，英國用堅船利炮炸開了中國大門，自此，列強接踵而至，大肆推行侵略掠奪政策。迫使中國簽訂的不平等條約，總是以中國賠款、割地、失去主權而告終。據統計，在近代100餘年間，世界上大小帝國主義，幾乎都侵略掠奪過中國，簽訂了一千餘個喪權辱國的不平等條約，霸占中國領土150多萬平方公里，勒索白銀十幾億兩，屠殺了千百萬中國人。[6]

甲午戰爭敗給日本後，思想家嚴復在天津《直報》發表《原強》一文中寫到：「今之中國非猶是病夫也，中國者，固病夫也。」這是第一次有人將「中國」與「病夫」一詞聯繫起來。他主張「鼓民力」，對症下藥治療。遺憾的是，連嚴復本人也因吸食鴉片患病而死。1896年，英國《倫敦學校歲報》評價甲午戰爭一文被梁啟超主編的《時務報》譯發：「夫中國──東方病夫也，其麻木不仁久矣，然病根之深，自中日交戰後，地球各國始悉其虛實也。」1904年，曾樸用「東亞病夫」筆名寫小說《孽海花》，以此躲避政治迫害。之後魯迅、陳獨秀等思想家也多次稱中國為「病國」、「病夫」。據說，在1936年柏林奧運會上，中國代表團一無所獲，回國途經新加坡的時候，當地報紙刊登了一

幅名為《東亞病夫》的漫畫，漫畫畫的是在奧運五環旗下，一群留長辮、身穿長袍馬褂、形容枯槁的中國人，扛著一個碩大無比的鴨蛋。[7]

最初的「東亞病夫」一詞，不僅指中國人體質弱、體育落後，還指中國人愚昧麻木，以及兵敗國衰，是中國人的一種自嘲自省，為了激勵鞭策中華民族自強不息。但是這個詞在電視劇中通過外國人的口中辱罵出來，就是以文化帝國主義的立場、視角和話語對東方知識進行生產和形象製造，對中國的電視觀眾來說確實是一個巨大的刺激。尤其在當時的歷史條件下，中國剛剛開始改革開放，社會經濟文化發展的各個方面與世界發達國家相比還非常落後，所以中國人更是有一種臥薪嘗膽、振興中華的決心。而當時的女排亞洲三連冠可以說正是通過勝利向全世界宣告了中國人不是「東亞病夫」的事實，也象徵著未來中國將在各個方面都走向世界前列。也因此《排球女將》這部電視劇在中國獲得了巨大成功，也帶來了人們熱衷體育鍛鍊，以穿著運動服為時尚的風潮。

20世紀80年代早期流行的運動服是深藍色的，在袖子上有三條白色的條紋作為裝飾。之後流行的運動服在衣服的前片分成明顯的兩個色塊，顏色對比明顯，更加鮮艷明麗。80年代中期流行的是一種套頭款式的運動服，記憶中PUMA品牌的比較多，那時候的中國人剛剛開始追逐名牌。90年代後流行的一般為藍色或者紫色等單色的運動服，但是布料是比以前更高級的滌綸布料。

◆ 註釋

[1] 〈中國電視劇──流金五十年〉，http://cugonline.cug，2010年6月4日。

[2] 〈排球女將〉，http://www.hudong.co，2011年3月13日。

[3] 〈女排險讓16年前噩夢重演　拼過亞運四連冠這道坎〉，http://2010.southcn，2011年4月2日。

[4] 王力偉、韓英甲：〈淺析電影《霍元甲》中的民族精神縮影〉，西安：《新西部》，2011年35-36合期，第137頁。

[5] 逄增玉：〈東亞病夫、醒獅與涅槃鳳凰──晚清到五四時期中國形象的書寫與傳播〉，北京：《現代傳播》，2008年6期，第23頁。

[6] 鄭志林：〈識「東亞病夫」〉，杭州：《浙江體育科學》，1999年2期，第50頁。

[7] 王錦思：〈「東亞病夫」的真正起源〉，杭州：《語文新圃》，2009年2期。

第十一章　公主裙與S曲線

第一節　公主裙的流行

　　《亂世佳人》是美國電影《飄》的中文譯名，根據小說家瑪格麗特・米切爾（Margaret Mitchell）的同名小說改編。電影描述了美國南北戰爭期間上演的一出愛情悲劇。女主角郝思嘉由著名女影星費雯・麗（Vivien Leigh）扮演，男主角白瑞德由克拉克・蓋博（Clark Gable）扮演。這部影片獲得了當年的多項奧斯卡獎，包括奧斯卡最佳影片獎，費雯麗憑藉其出色的演技獲得了當年的奧斯卡最佳女主角獎。1939年此片首次公映。1948年左右此片在中國上映。20世紀90年代初期在中國大陸電視臺重播了這部電影。

　　《亂世佳人》在美國上映後立刻帶來了女裝的一股復古主義浪潮。女主角在電影中穿著的多套19世紀的女裝影響了20世紀30年代後期的女裝潮流。1946年，戰爭的硝煙慢慢從歐洲的天空消散，嘗盡了戰亂之苦的女人早已厭倦了灰頭土臉的生活，她們撫摩著憔悴的面容懷念起戰前的華衣錦服，這一切被迪奧盡收眼底，一個大膽的計劃迅速在他的腦子裡形成。1947年，克里斯汀・迪奧（Christian Dior）推出了他的「花冠」系列時裝。他的

「花冠」系列以懷舊的柔情安慰了女人們那顆飽受憂患的心，更以鋪張的用料滿足了她們重歸奢華的渴望。花冠造型被譽為「新形象」，標誌著新時代的來臨。最經典的「新形象」造型，是一款被稱為「Bar」的套裙：上裝由天然絲綢製成，無墊肩，腰部緊收，沿臀部加入一圈襯墊讓衣擺撐開，使人體呈沙漏型；下裝則是一條帶裙撐的闊擺打褶裙，長及小腿肚，配上黑色的長手套，細高跟鞋，活脫脫一副「S體態」的翻版。[1]「花冠」系列的設計通過使用襯墊、緊身衣和裙撐，使女性的胸部、腰部和臀部曲線成為時尚的焦點。他的長裙擺設計使人更加留意女性纖細的腳踝，蕾絲花邊的襯裙隨著穿著者身體的擺動而若隱若現驚艷不已。由於《亂世佳人》這部電影，是在20世紀90年代在中國大陸重播時引起關注的，所以這種具有復古主義風格的「新形象」女裝在90年代初期的中國以一種公主裙的形式流行開來。

這種公主裙一般是長袖或者無袖，長度在膝蓋上方，全身採用蕾絲材質，裙擺是由細紗做成，有蓬蓬裙風格的，自然下垂風格的，還有碎紗布堆積風格的，整體的感覺類似於後來的白色婚紗，只是長度稍微不同，婚紗一般是拖地長裙，這種公主裙的長度一般都在膝蓋上方。可能是由於中國人從來沒有穿過這種異國情調的服裝，也可能是由於中國人在相當長的時期內都相當貧困，從來沒有穿著過如此奢華的連衣裙，所以這種裙子一經上市，非常受追捧。

第二節　公主裙的審美文化內涵

一、緊身胸衣與裙撐

　　這種復古主義風格的服裝實際上與歐美服裝史上的緊身胸衣與裙撐有著巨大的淵源關係。緊身胸衣最早見於公元前3000年至1100年的希臘克里特島的米諾斯。在羅馬帝國時代，緊身胸衣相當流行，但是基督教興起之後，這種衣服就不再受青睞了。這種情形一直持續到12世紀首批東征的十字軍返回之後。隨著第二批和第三批東征十字軍返回歐洲，他們帶回了緊身胸衣，越來越多的女性喜歡穿戴緊身胸衣，這時已經是14世紀了。[2]16世紀的上半葉，人們以鯨須為骨架製成一種無袖胸衣，這種胸衣呈倒三角形，穿上身後從肩至腰都非常緊身，可調解的系帶能將女人的腰肢勒到一個理想的程度。與之相配合的下裝則十分膨脹，一種由鯨骨、藤條或金屬絲製成的圓環將吊鐘狀的裙擺撐起，罩上長及地面的華麗布料，便形成了貴婦們的時髦裝扮。西班牙公主凱瑟琳嫁給英國國王亨利八世時，穿的就是這種衣服，所以，16世紀後半葉緊身胸衣和裙撐迅速地在歐洲流行開來，人類史上一場最為奇特的瘦身運動也就此拉開序幕。[3]之後第一個將「瘦身」推向極致的是法國王妃凱瑟琳·德·美第奇，由於她的腰圍在傳聞中達到了40釐米，於是歐洲的婦女們立刻改變了緊身胸衣的標準，取而代之的是鐵製的胸衣，有人將這種胸衣形容為「痛苦的囚衣」。在持續的背脊損傷、肋骨變形等病痛中，婦女們終於廢棄了這種鐵製胸衣。18世紀初的人們仍對嬌小的身材情有獨鍾，

女人們常用隱藏式的夾板束胸來控制自己的體型。緊身胸衣在此後相當長的一段時間裡趨於寬鬆，但到了19世紀又再次走向極端。1850年代的貴族女子流行一種叫克里諾林的裙撐，這種裙撐用輕金屬製成環形撐架，然後填充馬毛和麻等材料。女性在裙撐外還要再穿多層襯褲和襯裙。由於穿這種裙子偷竊的成功率很高，所以1868年以後，克里諾林就不再受歡迎了。[4]1855年，沃斯以層疊的布料襯裙取代了傳統的裙籠設計，將婦女們的身體從誇張的「母雞籠」裡解救了出來。正當法國高級時裝和「新藝術」運動蓬勃發展之際，普法戰爭爆發。隨著法國的戰敗和接踵而至的巴黎公社起義，貴族階層深受打擊，巴黎的時裝業也進入了一個低迷的階段。沃斯的時裝店一度關閉。在這種背景下，一種叫做「巴斯爾」的裙籠在懷舊的氣氛裡再度回潮。巴斯爾是一種使後臀看上去高高隆起的圍腰式撐架，呈半月形固定在女人的後腰上。所以那個時期的女人，應該是歐洲歷史上屁股翹得最高的女人，不僅如此，她們還喜歡在那上面裝飾蝴蝶結。[5]1900年，一位叫做薩洛特（Sarrautte）的法國女子運用她的人體構造學知識，對緊身胸衣進行了改造，將原本緊頂著乳房並將其高高托起的上緣降至乳下，這種可以讓乳房自然呈現的緊身胸衣，一度被稱為「健康胸衣」。健康胸衣還降低了前腰的位置，小腹也得到了平復，強調了背部的曲線，臀部顯得更圓潤和飽滿，使得女性從側面看起來就是一個大大的S形，這就是歐美服裝史上的S形時期。

在歐洲的服裝史中，緊身胸衣和裙撐在表現女性魅力方面發揮了重要作用，濃縮了西方女性窄衣服飾發展的歷程。緊身胸衣

和裙撐通過對人體的束縛，塑造S曲線，強調以性感為中心的女性美。從古希臘對人體美的崇尚開始，經北方窄衣文化的滲透，直至文藝復興時期對自然肉體的重視。「性感」始終是西方女性服飾文化追求的一個永恆不變的主題。緊身胸衣和裙撐在欲蓋彌彰的反襯中更為放肆地強調了身體的特徵，並使人陷入某種色情的想像。而女性也在男人的性期待中，自覺地成為被享用的對象。

二、目迷S曲線

　　曲線來自於人類對自然界的觀察和提煉。自然界的物體多數呈曲線狀。崇山峻嶺是屹立著的曲線，新月彩虹是高懸著的曲線，飛禽展翅，走獸奔奪是變幻著的曲線。曲線無處不在。曲線將萬千世界化繁為簡，濃縮為隨意彎曲的線條。西班牙最著名的建築設計師高迪曾經說過：「直線是人為的，曲線是上帝的。」曲線能引導你的眼睛作變化無窮的追逐，煽動人的大腦作多元的思索。[6]多樣的表現形態讓曲線傳達了豐富的情感意味。曲線流動的形態與蜿蜒的線條，在奔放的視覺張力中充滿了內在的活力與蓬勃的生機。

　　心理學家說，直線可以給人平靜、穩定和流動的感覺。圓則是直線兩端的連接，因此圓與直線的特性有相當程度的一致性。圓亦可說是球的平面化，球體的光滑感、圓潤感也為圓所保留。圓與球往往是一種有窮盡同時又無窮盡，平滑而又完滿的膚覺象徵物。[7]曲線是直線的變異或者說是半圓的不間斷的連接，它具備直線和圓所有的膚覺特徵，同時還具有直線和圓所沒有的變化

感和靈活性。總之，曲線具有輕鬆柔和、優雅流暢、豐滿圓潤和歡快跳躍之感。[8]

S曲線又叫「荷加斯」線，這與英國畫家賀加斯（William Hogarth）受螺旋線啟發後喜歡使用S曲線作畫有關。荷加斯曾說過：「我們眼睛所看見的世界都是由線條組成的，線條中以曲線和蛇狀線最美。」即S曲線最美。[9]S曲線以構形元素反向對稱的組合為特徵，彼此之間由此形成一種正反互逆，迴旋反轉的關係，由於對立雙方的溝通連綴氣貫勢順，所以具有很強的流動節奏。[10]它與人的視覺習慣形成一種同形同構的關係，因而帶來視覺上的愉悅，主體意識從而獲得巨大的滿足。視覺是運動的，動感使人的視覺對事物進行選擇。視知覺這個特點，使我們的眼睛感覺到實際不動的畫面變得運動起來。S曲線與視覺流程形成統一，使整個畫面達到完整，人們不僅對S曲線激情燃燒，更因此喚起了自身的情感共鳴。

三、生殖文化崇拜

生殖崇拜是人類文化的重要組成部分，它不但具有悠久的歷史，還具有巨大的文化活力。生殖崇拜廣泛蘊藏於世界各民族的神話、宗教、民風民俗以及各種藝術載體之中，至今仍對人們的生產生活產生巨大的影響。在原始人類的生活中生殖具有重要的意義，人口的增加意味著人手的增加，人類自身的繁殖是原始社會發展的決定性因素。出於對作為社會生產力的人的再生產的密切關注，原始人類中出現了生殖崇拜，它反映了不止是本能意義上，更主要的是社會發展層面上一個絕對莊嚴的社會意志。這

種生殖文化崇拜的觀念體現在原始人生活的各個方面，考古發現的遺址、墓葬傳達了豐富的此類信息，也就是說這種生殖崇拜信仰不僅存在過，而且曾經在原始人的頭腦中根深蒂固。生殖崇拜思想以集體無意識的形式留將在人們的心中，隨著歲月的磨砂許多物象的原始生殖意義已被人們遺忘，但是它的形式卻遺留了下來，仍然被人們在生活中無意識地採用。人類要維持種族的延續就必須生兒育女，所以遠古藝術家留下了許多對人類繁殖具有神祕力量的圖畫。在這樣的藝術品中，最為有名的是「史前維納斯」，比如威倫朵夫的維納斯雕像等。[11]人類早期的這些哺育女神往往都是身體肥碩，胸部、臀部和腹部非常巨大。對於在惡劣的自然環境下生活的人們來說，豐腴就意味著能生養，這是當時人們種族延續的最現實的期待。現代人欣賞的豐乳肥臀仍然是原始人類生殖崇拜的一種延續。只是現代人從當下審美的視角出發，出於對S形曲線的巨大迷戀而將原始人對豐滿的胸、腹和臀的欣賞改為只對豐滿的胸和臀的欣賞。而且眾所周之，S形曲線的巨大意義之一就是將胸部和臀部襯托得更加豐滿。

四、奢華的宮廷生活

在中國，公主裙的流行從某種程度上說，實際上是源於人們對神祕的西方宮廷生活的一種嚮往。歐洲從古代就有皇帝和國王，歐洲王室更是有著兩千年的淵源。公元前1世紀凱撒作為統帥，成為羅馬掌握國家大權的獨裁者。「凱撒」也成為後世對皇帝的尊稱。他的繼承人屋大維作為統帥，於公元前27年被尊為「奧古斯都」，開創了羅馬帝國，成為歐洲第一位皇帝。此後歐

洲各國皇帝繼承的都是屋大維留傳下來的羅馬皇冠。到目前為止，仍然保留王室的歐洲國家有英國、西班牙、丹麥、荷蘭、瑞典、挪威、比利時、盧森堡和摩洛哥。[12]在歐洲，民眾崇尚傳統，王室是歷史文化的一部分，王室的存在一定程度上能起到穩定社會的作用，給人以一種歷史的持續感。在人們的印象中，王公貴族們的生活是奢靡的，他們住在富麗堂皇的宮殿裡，那裡有各種大理石、絲綢、黃金、瓷器和珠寶。以英國王室為例，白金漢宮就有600多間房子，包括一座電影院和一座游泳池。白金漢宮還有一座面積很大的花園，湖面上有火烈鳥，樹林裡還有狐狸等其他一些小巧的野生動物。在音樂廳裡王子和公主們施洗用的聖水都是專門從以色列的約旦河裡取來的。在節慶時候還會有音樂家專門為他們演出。王室的家庭還配備了一定數量的新聞官、私人秘書、廚師、女僕、男僕、保安、司機、園丁和信使等專職的人員。由於貴族生活與平民生活相去甚遠，還由於東西方文化的巨大差異，所以中國人通過20世紀90年代中期在大陸上映的另外兩部電影《羅馬假日》（1955年）和《茜茜公主》（1953年），而對西方的宮廷生活充滿好奇也是一種很自然的事，而中國的女孩子喜歡西方貴族女性的古典穿著也是對異域生活和貴族生活的一種嚮往。

五、男權奴役的隱喻

緊身胸衣交錯的綁帶往往使人聯想起繩索的捆綁。雖然緊身胸衣和裙撐在表現女性魅力方面發揮了重要作用，但是同時它也給女性帶來了極大的危害。女性天天被禁錮在緊身胸衣和裙撐

內，背脊損傷、肋骨和內臟被擠壓變形，子宮下垂，同時會造成胃腸的不適。而血液流動受阻會造成頭暈、貧血。裙撐的沉重使女性舉步維艱，使女性容易疲倦以及呼吸不暢。在當時的社交場合上，一位女士因為呼吸困難而暫時暈厥竟然會成為一件賞心悅目的事情。總之，緊身胸衣和裙撐所帶來的是通過束縛女性身體，犧牲女性的生理健康為代價的一種「極致」的審美觀。西方女性為了迎合男權審美而主動捆縛自己，甚至不惜以傷害自己的健康為代價。這與千百年來女性被男性奴役的歷史幾乎是一樣的，男人占有著女人的身體，控制著女人的自由，剝奪了她們的思想，甚至健康和生命。理安‧艾斯勒（Riane Eisler）在《聖杯與劍》中指出，從公元前5000年到公元前3000年，嗜血尚武的游牧民族克甘人，多次大規模的入侵，澈底破壞了歐洲母系社會田園詩般的生活，整個社會系統跌入混沌狀態。在黑暗當中產生出的新秩序是克甘人帶來的父系社會制度。男神代替了女神，劍代替了聖杯，男性等級統治代替了女性和男性的夥伴關係，整個社會完成了一次文化轉型。[13]恩格斯說：「最初的階級壓迫是與個體婚制下男性對女性的奴役同時發生的。」於是自此開始，兩性之間的緊張衝突關係也就歷史地產生了。父系社會為了永保自己的統治，就力圖建立一種「自我神話」，以使兩性之間的歷史性矛盾與衝突在一種「權力話語」的主控下得以稀釋和緩解。[14]可以說緊身胸衣和裙撐是西方男權對女性奴役的隱喻。

◆ 註釋

[1] 〈迪奧的New Look——Dior Couture Patrick Demarchelier經典高頂的大收錄〉，
   http://www.eeff.net/，2012年11月14日。

[2] [澳]朱利安‧魯賓遜：《人體包裝藝術》，胡月、袁泉、蘇步譯，北京：中國紡織
   出版社，2001年，第67頁。

[3] 羅瑪：《開花的身體——一部服裝的羅曼史》，上海：上海社會科學出版社，
   2005年，第2頁。

[4] 羅瑪：《開花的身體——一部服裝的羅曼史》，上海：上海社會科學出版社，
   2005年，第4頁。

[5] 羅瑪：《開花的身體——一部服裝的羅曼史》，上海：上海社會科學出版社，
   2005年，第20頁。

[6] 張平：〈曲線之美〉，石家莊：《思維與智慧》，2007年9期，第12頁。

[7] 趙之昂：〈身體角度的自然美〉，鄭州：《鄭州大學學報》，2007年3期，第127頁。

[8] 姜凡：《時髦：實用藝術的審美與創造》，長春：吉林文史出版社，1991年，第
   40頁。

[9] 杭麗青：〈「S」曲線在「仕女奉樂一粒珠」壺上的運用〉，無錫：《江蘇陶
   瓷》，2011年6期，第55頁。

[10] 陳熊俊、梁昭華、張靜：〈淺析敦煌唐代圖案曲線形組織結構形式〉，北京：
   《藝術理論》，2010年11期，第58頁。

[11] 韓冷：《現代性內涵的衝突——海派小說性愛敘事》，哈爾濱：黑龍江人們出版
   社，2008年，第218頁。

[12] 郭方：〈歐洲王室剪不斷理還亂〉，北京：《華夏人文地理》，2005年2期。

[13] 閔家胤：〈復歸「夥伴關係」〉，北京：《讀書》，1994年9期。

[14] 儀平策：〈男女符碼與儒家本文的三重意義〉，濟南：《文史哲》，1996年4期。

第十二章　T恤與文化熱

　　「T恤」名稱的來歷一直眾說紛紜，一種說法是17世紀在美國馬里蘭州安納波利斯卸茶葉的碼頭工人都穿這種短袖衣服，人們把「Tee」（茶）縮寫為「T」，將這種襯衫稱為「T-Shirt」即T恤；第二種說法是在17世紀時，英國水手受命在背心上加上短袖以遮蔽腋毛，避免有礙觀瞻；還有一種說法是T恤由袖與上身構成「T」字形，故此而得名。[1]

第一節　內衣外穿

　　T恤最初是從事粗重體力活的工人們穿用的內衣。在20世紀初葉，服裝公司的產品目錄上T恤僅僅是作為內衣來推銷的。到了1930年代，T恤雖然作為內衣的涵義並未發生多大的改變，但是人們已經開始試著把T恤穿在外面。[2]T恤真正名揚天下，為廣大消費者所喜愛是在20世紀50年代。1951年，美國著名的好萊塢演員馬龍·白蘭度（Marlon Brando）在電影《慾望號街車》中穿著的T恤，引起了觀眾的注目。當白蘭度主演的另一部影片《野人》上映後，T恤幾乎成了青年男性具有陽剛之美的象徵。50年代是美國文化配合好萊塢電影進軍世界的光輝時代，無形中促

成了T恤風潮的國際性蔓延。在1959年瑞士籍法國導演戈達爾拍攝的電影《筋疲力盡》中，女主角讓娜・瑟伯格穿著T恤現身銀幕，標誌著T恤已經跨越了男性專屬的性別界限。到了60年代末期，人們開始在T恤上呼籲和平、表達抗議。進入70年代，這種帶有圖像的T恤已風靡全世界，成為人們表達感情、頌揚文化、支持崇拜者，甚至推銷商品的廣告。而1995年奧斯卡頒獎儀式上，沙朗・斯通（Sharon Stone）下著瓦倫蒂諾（Valentino）長裙，上穿一件GAP牌子的T恤，標誌著這種服飾已經登入大雅之堂。

第二節　性感與叛逆

《慾望號街車》是美國文學史上最經典的劇作之一，影片根據著名劇作家田納西・威廉姆斯（Temnessee Williams）的同名戲劇改拍。在1952年的奧斯卡頒獎典禮上該片獲得12項提名，並奪得最佳女主角、最佳男配角、最佳女配角、最佳藝術指導等四項大獎。《慾望號街車》是一部偉大的精神悲劇。出生於南方種植園的布蘭奇與詩人艾倫私奔，婚後布蘭奇發現艾倫原來是個同性戀，布蘭奇當眾宣布了這個祕密，導致艾倫絕望自殺。由於債務危機布蘭奇不得不將貝爾・里夫莊園抵押，生活的艱辛使她一度淪為娼妓，又由於勾引一名中學生而被學校開除，被迫投奔居住在新奧爾良的妹妹斯黛拉。布蘭奇慫恿妹妹離開妹夫斯坦利。同時布蘭奇遇到了斯坦利的朋友米奇，兩人很快墜入愛河。斯坦利由於不滿布蘭奇對妻子和朋友施加的影響，而準備毀掉她。經過一番調查，斯坦利發現了布蘭奇的那些醜聞。知道真相後的米奇

覺得受了愚弄，一氣之下離開了布蘭奇。斯坦利強奸了布蘭奇，最終布蘭奇被送入精神病院。

　　穿著T恤而影響世界服裝流行趨勢的銀幕形象斯坦利，首先是粗野性感的青年男性的象徵。布蘭奇的妹夫斯坦利是波蘭白人移民的後代，曾經在軍隊裡當軍士長，獲得四枚勛章，在五個人只有一個人能倖存下來的薩萊諾戰役裡活了下來。後在一家工廠上班，最有希望獲得晉升。斯坦利的原型是威廉姆斯在皮鞋廠工作時的同事，名叫斯坦利‧考瓦斯基，他酗酒、粗暴、好賭。這個原型的身上也有威廉姆斯父親的影子，他的母親是一位來自南方的閨秀，嫁給了一個酒鬼，父親經常在酗酒後毆打母親。[3]斯坦利肌肉發達，自由率性，具有剽悍的男性荷爾蒙，強健的生命力，可以稱之為勞倫斯筆下的自然人，成為20世紀50年代人們心中的英雄。同時他粗俗野蠻，沒有高雅的趣味，整晚沉醉在滾木球遊戲和撲克晚會中，滿嘴是俚語和錯誤的病句。布蘭奇說他是生活在舊石器時代的類人猿。

　　其次，斯坦利是強勁的現代資本主義工業文明的象徵。第二次世界大戰後，由於戰火沒有在美國本土燃燒，戰後美國成為一片空前富裕的土地。美國經濟得到迅速恢復和發展，國民收入增加一倍。美國在國際上的影響舉足輕重，成為西方資本主義民主的代表，成為歷史發展的主流。而這一切主要來自美國現代資本主義工業的支撐。[4]布蘭奇和斯坦利的衝突，象徵著新舊兩種文明的衝突，衝突的結果是以斯坦利為代表的北方先進的新興工業文明，打敗了以布蘭奇為代表的南方種植園式的農業文明，以布蘭奇為代表的傳統文化價值體系在斯坦利為代表的現代都市精神

的折磨下逐步走向崩潰。[5]對於南方人來說，戰前歲月是美好生活的理想追求。但是內戰吞噬了南方的土地莊園，也粉碎了古老的生活模式，奴隸主失去了他們的天堂，落入淒涼寂寞的深淵，唯獨留下了尊嚴與脆弱。[6]

同時，斯坦利也是男權社會的代表。從古至今，兩性之間的狀況就是一種支配與從屬的關係。是男性群體對女性群體的全面控制。[7]斯坦利承擔著養家糊口的責任，同時也享有至高無上的權威。他在家裡是王，統治著妻子，為了維護其統治地位，他不惜對布蘭奇的挑釁進行無情的報復。儘管妹妹史蒂娜也譴責丈夫的暴力傾向，但是斯坦利的暴力行為卻讓她越發的著迷。斯坦利健碩的體魄與旺盛的情慾是他引以為豪的資本，也是他與史蒂娜夫妻關係存在的基石，史蒂娜與其說嫁給了斯坦利，不如說嫁給了一種以肉體關係為主旋律的生活。[8]

《慾望號街車》是26歲的馬龍‧白蘭度初登銀幕的亮羽之作。馬龍‧白蘭度早在1947年便在同名舞臺劇《慾望號街車》中本色飾演了斯坦利一角。飾演流氓無產者之類的人物形象是馬龍‧白蘭度貫常的拿手好戲。馬龍‧白蘭度初涉影壇，相比費雯‧麗的高超演技，顯得直白而被動，但是他的星光絲毫不比費雯‧麗遜色。他內在的叛逆、冷酷的氣質，遠遠超越了演技本身，即使窮凶極惡時也透著點瀟灑。在《慾望號街車》裡，馬龍‧白蘭度穿著的T恤幾乎就是他男性攻擊性的同義詞。柔軟體貼的T恤把男性美從呆板、單調、循規蹈矩的傳統上流品位的著裝中解放出來，陽剛的身形展現在若隱若現的視野之中，一時間成為全美乃至全世界的摹本。T恤與牛仔褲、黑色皮夾克共同塑

造了一種深深影響年輕一代的叛逆英雄形象，代表著對傳統禮
節、上流品位的極度藐視和摒棄。[9]

第三節　文化衫

　　T恤是時尚、藝術、廣告與政治宣言，它是人類創造出來的
最具靈活性的服裝之一。人類的身體由此也似乎成了一塊空白的
畫布。幽默的廣告、諷刺的惡作劇、自嘲的理想、驚世駭俗的慾
望、放浪不拘的情態都藉此發泄無遺。

　　1973年《婦女時裝日報Wear Daily》聲稱T恤是當年反文化的首
席發言人。在嬉皮時代，嬉皮士們把「自由之愛」的口號印在T恤
的胸口。而龐克時代到來之時，他們希望用最少的文字震動最多
的人，T恤成了最理想的媒介。「性手槍」樂隊的經紀人、龐克浪
潮最早的推動者之一麥爾考姆・麥克拉倫（Malcolm Mclaren）和後
來揚名的時尚女設計師薇薇安・魏斯特伍德（Vivienne Westwood）
合作開了一個稱為「性」的商店，他們最暢銷的T恤的圖案上帶
有一個納粹標誌，一個十字架和一個女王頭像，下面只有一個
詞：「毀滅」。波普藝術也同樣向T恤敞開懷抱。1978年，美國波
普藝術之父羅伊・利希騰斯坦（Roy Lichtenstein）在其自畫像中
就穿著一件白色T恤。塗鴉藝術家基斯・哈林（Keith Haring）後
來也轉向T恤設計，並在紐約開設了自己的商店。那些對媒介與
信息感興趣的藝術家如詹妮・霍爾澤（Jenny Holzer）和後來的費
利克絲・岡薩雷斯・托雷斯（Felix Gonzalez Torres），也探索了
T恤的各種藝術可能性。格拉斯哥的藝術家羅斯・辛克萊曾經在

一些作品中把口號印在T恤上，最引起爭議的便是1994年印在T恤上的「操警察」的口號，畫廊為此不得不終止了展覽。對他來說，T恤是一種既能利用流行文化，同樣又能對其進行批判的方式。隨著T恤的流行，它們很快便成為一件政治武器。20世紀末的政治和意識形態鬥爭都在T恤中留下痕跡：美國的民權運動，南非的反種族隔離運動，反對越南的示威遊行，女權運動，反對歧視艾滋病患者的運動等等。英國時尚設計師凱瑟琳‧哈姆尼特（Katharine Hamnett）在英阿馬島戰爭時便使用T恤激怒過撒切爾夫人，後來她又在自己設計的T恤上印上了「停止戰爭：布萊爾下臺」的標語。一些著名商標品牌也利用T恤明爭暗鬥：如「可口可樂」與「百事可樂」，「萬寶路」與「駱駝」等。每次新的商標剛剛出現在T恤上，也馬上會出現故意搗亂的，比如「享用可口可樂」變成了「享用可卡因」（兩者英文拼寫相近）。隨著數碼科技與新的印刷方法的施行，製作T恤的流程越發簡單迅速。「911」事件過後不到四天，在紐約就出現了表達復仇心理的「魔鬼將被懲罰」或表達紀念的「永遠不要WTC」字樣的T恤。而一周之後，印有本‧拉丹頭像的T恤則在印度尼西亞熱賣。[10]

一、文化熱

20世紀80年代中國的文化熱產生在文革浩劫之後，國人痛定思痛，對社會慘劇心有餘悸，對其產生的歷史原因始作深層思考，企望藉此刷新民族的文化心理和變更社會的價值取向，達到中華文化的自我超越。[11]這場文化熱企圖通過對西方學術思潮的引進與甄別、對傳統文化的批判與反思，建立一個與以往傳統文

化為核心的文化所不同的具有現代性意識的文化體系。這是一次
繼承「五四」傳統，自覺追求自由、民主、平等和法制等觀念的
過程。[12]

　　文化熱以傷痕文學為先聲，陳國凱、叢維熙、張賢亮、諶
容、劉心武等以親歷的社會生活揭示了當年人性失落、尊嚴無
存、生活無助、前景渺茫的嚴酷境況，刻畫了自覺奴化的可怖。
《天雲山傳奇》等影視作品更直觀地展示了人世的黑白混淆。稍
後瓊瑤等臺灣作家的言情作品涌入，它們取材於市民生活，抒發
人情之常，有別於內地長期盛行的運動文學。舒婷和北島的朦朧
詩在80年代初傳遍大學校園，年輕人開始超脫固定的審美框架。
陶斯亮的信和大量寫實性作品又喚起了社會激情，為文化討論澆
注了社會的情感基礎。稍後信息論、控制論、系統論等西方社科
新作經翻譯引入中國，尼采、薩特、伏爾泰、佛洛伊德、洛克、
海耶克（Hayek）、亨廷頓（Samuel Phillips Huntington）等上世紀
人類思想史上的代表人物漸為人知，社會科學領域首次出現了馬
列經典之外的理論和方法，有了較多的文化參照物和批判武器，
被激活的社會思想迅速向理性升華。《中國青年報》刊登的潘曉
關於人生意義的討論更衝破了個人功利的禁區，哲學界開始研究
馬克思青年和晚年時期在人道觀念方面的差異，它關乎總設計師
關於誠實勞動致富的方略能否推出。[13]

　　80年代中期，文化反思逐漸超出政治層面而進入了「形而
上」的領域。針對傳統文化的觀念層面即國民性展開了思考和剖
析，以柏楊那本出名的小書為引子，學者們仁者見仁，就中國文
化的概念、要素、成因、特性、影響和利弊等方面展開討論，涉

及的領域基本涵蓋了觀念文化和制度文化的全部領域。[14]此次文化熱顯然得益於各種媒體的關注。除中央電視臺外，《光明日報》連續刊載的〈學者訪談錄〉，《中國青年報》、《文匯報》及許多報刊的專欄文章，《雨花》、《讀書》、《作品》和如今已經不為人知的《青年論壇》、《國情研究》、《人世間》等刊物，還有出版機構出版的新書等共同構成了電視、報紙、雜誌和專著四大類載體。[15]當年最熱衷此次文化熱的乃是大專學校的師生和具有中等以上文化程度的公民。參與討論者亦以資深的黨內人士、學界宿儒泰斗和中青年學者為主體。北京、上海、杭州、煙臺和青島等地的交流座談會尤為活躍。[16]

正是在文化熱的背景下，20世紀90年代中國才逐漸出現文化衫概念，一夜之間，城裡的小青年們都穿上了無領無袖的白色T恤招搖過市。文化衫作為一代人的集體記憶，在當時的大學生群體中十分流行。為了張揚個性，顯示自我，很多人在白色的T恤上印有一句文字或者街頭流行語，體現穿著者的自我心態。透過一件小小的文化衫，人們盡情宣泄著在社會轉型時期，個人心中的困惑和不滿。[17]人們可以看見在T恤衫上寫有「絕對權力導致絕對腐敗」、「建設政治文明」、「從現在開始堅持說真話」、「別理我、煩著呢」、「一匹來自北方的狼」、「難得糊塗」、「我行我素」、「人生苦短，善待今生」、「下一輩子我還愛你」、「錢夠花就行」等等，異彩紛呈、千姿百態。[18]這樣的文化衫就是想讓文化衫所標榜的理念成為人們的生活本身。既然文化就是人類的生活本身，穿這樣的文化衫，也無異於告訴人們，這些被標榜的觀念才是人們本來應有的生活方式。T恤不僅僅是

一件好看的衣服，更是穿著者對個人生活喜好與信仰的一種自由
表達。

二、切・格瓦拉思潮

20世紀90年代中期至2000年左右，我們國家最流行的是印有
切・格瓦拉頭像的文化衫。中國青年將這位出生於阿根廷的馬克
思主義革命者和古巴游擊隊領導人「穿」在胸前，以一種無聲的
方式表達著對完美的理想主義者的頂禮膜拜。[19]

切・格瓦拉昵稱「切」（Ernesto Guevara），本名埃內斯
托・拉斐爾・德・格瓦拉・拉沙拿（Che Rafael Guevara de la
Serna），簡稱格瓦拉（Guevara）。1928年切・格瓦拉出生於阿
根廷的羅薩里奧的一個富裕的中產階級家庭，自小患有哮喘病。
他年輕時遊歷了整個拉丁美洲，親眼目睹了貧窮的無處不在而深
感震撼，並因此堅定了世界革命的決心。他為了全世界的革命事
業而毅然放棄了舒適的家庭。他參加了菲德爾・卡斯特羅（Fidel
Alejandro Castro Ruz）領導的古巴革命，推翻了親美的巴蒂斯塔獨
裁政權。爾後，在其事業的巔峰，放棄了其黨和國家領導人的身
分，以自身為火種，前往剛果，前往玻利維亞，以尋求人民解放
的燎原之勢。1967年10月8日，因內奸泄密，格瓦拉在叢林中被
玻利維亞政府軍伏獲，次日被殺害。

格瓦拉這樣一個具有國際影響的著名人物，在中國的不同
歷史時期的影響不同，對其評價也迥然不同。20世紀60年代初，
格瓦拉曾兩次訪問中國，受到中國黨、政領導人和人民群眾的熱
情接待和歡迎。格瓦拉因為把游擊戰理論發揚光大，同時非常崇

拜毛澤東，也曾公開說中國的公社模式符合他的「世界革命思想」，而在中國幾乎家喻戶曉。「文革」期間在極左思潮影響下，主流媒體將格瓦拉的游擊戰理論歸結為「游擊中心主義」或「游擊中心論」，對其思想的批判主要是出於當時國際鬥爭的需要。[20]1978年中國開始改革開放後，比較典型的看法是肯定格瓦拉的個人人品，但否定他的思想主張。1990年以後，中國媒體和出版物對格瓦拉及其思想的肯定意見逐漸占上風。[21]此時正是切‧格瓦拉T恤開始在中國流行的時代。2000年由張廣天、黃紀蘇等人創作的話劇《切‧格瓦拉》在北京人藝小劇場首演，給整個中國戲劇界帶來了巨大的轟動效應。該劇以其鮮明的平民立場、批判現實的尖銳鋒芒、極端的革命風格和先鋒的表現手法而名聲大噪。[22]2001年3月底，《切‧格瓦拉》在國內五個城市演出75場。[23]儘管評論褒貶不一，但是此後北京、上海、湖南等不少大專院校戲劇團體將該劇作為重點劇目進行排演，劇中的許多經典臺詞也被人們廣泛吟咏，直接或間接地在中國引發了一場「格瓦拉熱」。這一切讓《切‧格瓦拉》這部作品成為「2000年中國知識界十大事件之一」。[24]2008年5月底，多家網站和報刊刊登了〈古巴阿根廷紀念格瓦拉誕辰80周年〉的新聞，及時介紹古巴和阿根廷等地舉行紀念格瓦拉誕辰80周年的活動。[25]切‧格瓦拉T恤的流行風潮也差不多持續到這個時候。

第二次世界大戰後，西方現代工業文明高速發展，理性與科學聯盟演變為工具理性，在推動資本主義社會生產力極大發展的同時，也帶來包括消費主義在內的諸多負面效應。作為對上述負面效應的反思和批判，後現代主義思潮、青年運動、基督教世

俗化運動於20世紀60年代在西方出現並興起。相應地產生了存在主義的完美格瓦拉形象、無政府主義的叛逆格瓦拉形象、基督教教義中的聖人格瓦拉形象以及消費語義中的時尚格瓦拉形象。這些形象分別從不同角度反映了西方哲學思潮中相應的人生觀和價值觀，使得格瓦拉思潮成為這幾種西方哲學思潮的雜合體。[26]格瓦拉這個名字融合了社會主義、人道主義、青年運動、基督教、理想主義、流行時尚等這些彼此間似乎風馬牛不相及的範疇，有些甚至屬於對立的價值觀念，如無神論和有神論、資本主義和社會主義意識形態等，他成為多重價值觀的代名詞。在格瓦拉思潮中，人們都以格瓦拉作為自己崇拜的精神偶像，但人們所持的價值觀卻是不統一的，他們在格瓦拉形象中選擇自己熱衷的價值觀念。[27]

　　切‧格瓦拉在20世紀90年代至世紀之交在中國的流行文化中出場還有當時中國特殊的時代背景。20世紀中國的左翼傳統，可以追溯到五四新文化運動。在五四以後，左翼傳統迅速走向行動，經歷大革命、土地革命、全民抗戰……直到70年代。70年代後，左翼傳統和世界範圍的革命遭遇根本性的挫折和逆轉。80年代，里根（Ronald Wilson Reagan）、撒切爾夫人的美英新自由主義經濟出臺，蘇聯東歐社會主義的政治經濟路線紛紛易幟，第三世界的武裝鬥爭則煙消火熄。[28]90年代初，冷戰提前結束，兩極對峙所維繫的全球戰略平衡被打破，西方壟斷資本主義大步跨越柏林牆，挾資本、技術和信息之優勢長驅直入，分割世界市場和資源。冷戰結束全面啟動了資本主義全球化。通過不平等的市場競爭，藉助權力、陰謀和戰爭，財富和利潤在世界範圍內魔術般

地重新分配。[29]自1992年以後，中國的經濟體制改革開始踐行，大陸原有的社會主義意識形態從內部開始悄悄但卻深刻地發生著變化，新的問題意識和言說方式在20世紀90年代中後期開始浮出水面。就是在知識分子階層當中也對中國現實的認識和判斷出現了極大的分歧，先是人文精神的大討論，然後是所謂新左派與自由主義的論爭。與此同時，新結盟的利益集團和新富人階層迅速取得了對中國經濟的控制和在公共領域的話語權。一部分老幹部開始邊緣化並感到失落，很多的工人和農民進一步淪為社會的底層。整個社會尤其包括知識界在迫切地尋找新的思想資源。[30]正是在這樣的國際和國內的時代背景下，阿爾貝托‧科爾達為切‧格瓦拉拍攝的頭戴紅色貝雷帽的，被命名為〈英勇的游擊隊員〉的照片，被人們美譽為「世界上最知名、最有魄力的照片」，廣泛出現在中國青年的T恤上。

三、愛國主義

2008年北京舉辦奧運會期間，當火炬在法國傳遞時遭到藏獨分子的阻撓，由此引發了全國大學生的愛國浪潮，一批印有「I♥China」的白色文化衫在大學校園內流行，文化衫迅速從大學擴散到城市的各個角落。到處流動著愛國文化衫的長河，聲勢浩大，引人注目，令人激動，帶動全國人民乃至全球華人行動起來，支持北京奧運。這次愛國行動取得了輝煌的勝利，提升了中國的國際形象，凝聚了民族精神，也為奧運會的順利舉行奠定了良好基礎。

◆ 註釋

[1]〈T恤〉，http://www.pop-shopp，2010年6月9日。

[2]〈T恤衫〉，http://baike.baidu.c，2010年5月29日。

[3]徐錫祥、吾文泉：〈論《慾望號街車》中的象徵主義和表現主義〉，上海：《外國文學研究》，1999年3期，第95頁。

[4]姜濤：〈《慾望號街車》中的兩性衝突及其隱喻性〉，哈爾濱：《北方論叢》，2005年1期，第76頁。

[5]許美珍：〈《慾望號街車》中的象徵主義手法〉，福州：《福州大學學報》，2007年6期，第68頁。

[6]王艷芳：〈夾縫中的掙扎——試析威廉斯《慾望號街車》〉，南昌：《江西師範大學學報》，2000年3期，第100頁。

[7][美]凱特‧米利特（Kate Millett）：《性政治》，宋文偉譯，南京：江蘇人民出版社，2000年，第33頁。

[8]曾莉：〈《慾望號街車》人物塑造的文內互文性分析〉，武漢：《武漢理工大學學報》，2006年3期，第416頁。

[9]〈T恤〉，http://baike.baidu.c，2010年5月29日。

[10]譚伯登：〈T恤文化的歷史演進〉，北京：《國際先驅導報》，http://www.sina.com.cn，2004年01月18日。

[11]宋君健：〈二十世紀八十年代文化熱回瞻〉，長沙：《雲夢學刊》，2008年6期，第23頁。

[12]陳美容：〈新文化運動、「文化熱」與「國學熱」——從文化整合中的三種現象看文化轉型規律〉，東營：《中國石油大學學報》，2010年5期，第69頁。

[13]宋君健：〈二十世紀八十年代文化熱回瞻〉，長沙：《雲夢學刊》，2008年6期，第24頁。

[14]宋君健：〈二十世紀八十年代文化熱回瞻〉，長沙：《雲夢學刊》，2008年6期，第24頁。

[15]宋君健：〈二十世紀八十年代文化熱回瞻〉，長沙：《雲夢學刊》，2008年6期，第24頁。

[16]宋君健：〈二十世紀八十年代文化熱回瞻〉，長沙：《雲夢學刊》，2008年6期，第24頁。

[17]〈文化衫：一個讓勇敢發聲的戰場〉，http://nf.nfdaily.cn，2010年5月29日。

[18]楊曉蘇：〈二十年間大學校園文化現象梳理——改革開放以來大學生思想軌跡描述〉，貴陽：《貴州工業大學學報》，1999年1期，第33頁。

[19]〈文化衫：一個讓勇敢發聲的戰場〉，http://nf.nfdaily.cn，2010年5月29日。

[20]劉維廣：〈切‧格瓦拉及其思想在中國的影響〉，北京：《拉丁美洲研究》，2008年4期，第17頁。

[21]徐世澄：〈如何正確看待格瓦拉〉，http//blog.chinacom.cn/spl/xushicheng/070713258845.shtnl。

[22]雷啟立：〈「酷男切‧格瓦拉」出場〉，北京：《天涯》，2002年4期，第180頁。

[23]孫蕾：〈從偶像到符號——評話劇《切‧格瓦拉》〉，太原：《名作欣賞》，2011年30期，第7頁。

[24]孫蕾：〈從偶像到符號——評話劇《切‧格瓦拉》〉，太原：《名作欣賞》，2011年30期，第8頁。

[25]劉維廣：〈切‧格瓦拉及其思想在中國的影響〉，北京：《拉丁美洲研究》，2008年4期，第17頁。

[26]吉生保、馬淑娟：〈當代青年的理想實現——以切‧格瓦拉思潮分析為例〉，北京：《中國青年政治學院學報》，2010年4期，第29頁。

[27]吉生保、馬淑娟：〈當代青年的理想實現——以切‧格瓦拉思潮分析為例〉，北京：《中國青年政治學院學報》，2010年4期，第28頁。

[28]亞子：〈評《切‧格瓦拉》〉，北京：《文藝理論與批評》，2000年4期，第51頁。

[29]亞子：〈評《切‧格瓦拉》〉，北京：《文藝理論與批評》，2000年4期，第50頁。

[30]雷啟立：〈「酷男切‧格瓦拉」出場〉，北京：《天涯》，2002年4期，第179頁。

第十三章　長裙與「波西米亞」

　　習慣於在時尚的指揮棒下穿衣戴帽的西方人，在20世紀70年代突然陷入了深深的困惑之中。大量的及膝裙和及地長裙紛紛登場，與迷你裙同時存在，從而引發了長裙、短裙孰優孰劣的大討論。人們發現流行的概念此時已經發生了微妙的變化，個性化的自我表現成為絕對優勢的流行因素，長裙與短裙分別迎合了消費者的不同需求，為每個人提供了更多的表現機會。裙長的變化成為服裝多樣化的標誌。而這一流行風潮到達中國的時間則是20世紀80年代。這一長裙流行潮流一定意義上也與當時國際上的波西米亞風尚有關係。21世紀，受美國「布波族」文化現象的影響，2008年至2013年波西米亞風格的服飾才在中國真正意義上地出現。

　　波西米亞風格的服裝是波西米亞精神的產物。波西米亞風格的服裝並不是單純指波西米亞當地人的民族服裝，它是一種以捷克共和國各民族服裝為主的，融合了多民族風格的現代多元文化的產物。它既是民族風格的一種，又是各民族風格的一種交融形式。它不拘泥於細節處理手段的一致性，更多地強調了精神的統一性。[1]

　　波西米亞服裝總體造型上強調寬鬆、舒適。上裝以V字領、

U字領和一字領為主。下裝最有代表性的是A字形及膝或過膝長裙，下擺寬大，多有橫斷線和層層疊疊的褶皺。其主要的布料是以棉、麻、毛、翻毛皮革和牛仔布等天然布料為主。有些還採用了化纖以及含萊卡的布料。色彩搭配上，強調多種濃烈色彩的組合，色彩飽和度高，但濃而不艷。服裝多用刺繡、彩珠、亮片、蕾絲、毛邊或荷葉邊進行裝飾，裝飾的部位主要集中在領口、袖口、腰線、前衣片、臀圍線以上和裙低擺的部位。[2]

波西米亞風格的流行，是對國際服裝簡約風格的一種衝擊。是流行風潮中卓然不羈的一翼，它是浪漫、張揚的，它是落拓獨立、桀驁不馴的，它帶著一點點放縱和狂野，它所散發的頹靡而高貴的氣息，猶如暗夜裡的花朵綻放出幽寂、冷艷、妖嬈和神祕的氣息。[3]

「波西米亞」（Bohemia）本來是一個地理名稱，是捷克共和國西部的一個地區。[4]「Bohemia」最早源自「Boii」一詞，是公元1世紀時當地凱爾特人部落的名稱。到了公元5世紀，從東部遷來的斯拉夫人建立起波西米亞王國，並繁衍出燦爛的波西米亞文化。[5]但是波西米亞已經不是地理意義上的波西米亞，而是一種精神，一種文化，一種時尚符號。「波西米亞」本是法國人對流浪於巴黎的吉普賽人的稱呼，而到了19世紀中期，巴黎人又開始用「波西米亞人」來稱呼那些從外省來到巴黎闖蕩的，籍籍無名的，常常流連於咖啡館與酒吧的，從事文學與藝術創作的年輕人。作為法國浪漫主義運動的產物，波西米亞風潮在19世紀後半期進入美國。[6]自19世紀中期以來，波西米亞已經成為一個世界性的文化現象。巴黎的拉丁區、倫敦的蘇活區、紐約的格林尼治

村和舊金山的北灘，都相繼成為世界聞名的波西米亞文人聚集地，柏林、維也納、莫斯科等地的咖啡館也充滿各式各樣的波西米亞文人。[7]

巴黎為「波西米亞」的誕生創造了至關重要的條件。19世紀中期的巴黎是文人與藝術家的聚集之地，擁有宏大的博物館、沙龍、咖啡館和劇院。在這樣的文化氛圍召喚之下，眾多的外省年輕人來到巴黎，他們往往出身於小資產階級家庭，接受過一定的教育，但由於缺乏必要的經濟來源和社會保護，很難在政府裡謀得一個像樣的職位，他們大多從事文學與藝術創作。與此同時，浪漫主義運動的盛行則把這些勇於創新的年輕人推到了反對古典主義與復辟的波旁王朝的風口浪尖。1830年，波西米亞人第一次登臺了。熱拉爾‧德‧內瓦爾（Gérard de Nerval）、博瑞爾（Petrus Borel）、波德萊爾（Baudelaire C.）等人聚集在「伏爾泰」、「莫米斯」咖啡館；而庫爾貝（Gustave Courbet）和尚弗勒里（Champ fleury）等第二批波西米亞人，則聚集在安德勒爾、殉道者啤酒館和黑貓咖啡館。波希米亞人還開辦了《波西米亞》、《佛手瓜》、《羽毛》等許多雜誌，作為討論文藝思潮的工具。[8]

「波西米亞」這一概念正式進入中國知識分子的視野，始於五四時期以田漢為代表的南國劇社。田漢曾經帶領學生去觀看過《波西米亞人》這部電影。它講述的是一個紗廠女工和巴黎拉丁區「波西米亞」窮藝術家的愛情悲劇。看過這部電影后，南國的學生大都以「波西米亞」窮藝術家自況，田漢也自稱為「波西米亞人」。此後「波西米亞」的概念也曾被一些文人偶爾提及，但是從新中國成立一直到20世紀80年代初則基本湮滅無聞。1985年

劉索拉創作的小說《你別無選擇》和徐星創作的小說《無主題變奏》，都具有波西米亞傾向。臺灣作家三毛的《撒哈拉沙漠》系列散文，將波西米亞那種異域流浪、心靈自由、青春反叛的特色風格傳播開來。法國作家亨利・繆爾熱小說《波西米亞人的生活情景》在此時被翻譯過來。美國記者大衛・布魯克斯的著作《布波族：一個社會新階層的崛起》也被翻譯過來。「波西米亞」亞文化混雜在通俗的文化熱潮中闖入了國人的視線。陳冠中在《波西米亞中國》一書中認為，在北京，「波西米亞」是20世紀80年代中後期開始的新生文化現象。王朔小說的「痞」，可以說是北京「波西米亞」美學的濫觴。[9]

　　波西米亞的生活方式通過大眾傳媒成為一種影響力巨大的流行文化。波西米亞是一種知識分子亞文化。波西米亞人往往是一些社會主流生活之外的邊緣人，不隸屬於任何政治黨派或團體。馬克思在《路易波拿巴的霧月十八日》中就對波西米亞人的構成進行了總結，他們包括「流浪漢、退役老兵、出獄犯人、逃亡的船奴、騙子、詐騙犯、扒手、變戲法的、賭棍、拉皮條的、妓院打手、搬運工、文人、街頭拉手風琴的、拾破爛的、磨菜刀的、補鍋將和乞丐等。」波西米亞人的精神特徵中，包含著以自我為中心的，對絕對自由的追求，他們自認為是天才，我行我素，不願意向主流妥協，甚至對主流表現出了厭惡和憎恨，他們的許多藝術創作體現出明顯的烏托邦傾向。[10]1830年以戈蒂耶為代表的波西米亞人，通過憤世嫉俗的姿態，古怪的裝扮，顛覆性的生活方式，而被命名為波西米亞人。波西米亞人的行為中還包含著強烈的反抗性或批判性。從密謀造反到奇裝異服，波西米亞人成了

現代社會中的徹頭徹尾的反抗者。反對的對象既有統治者，也有被統治者，甚至還有波西米亞人本身。[11]因此，可以說波西米亞文化中包含有反資產階級的文化和政治觀念的傾向。[12]在此種反資產階級的文化運動中，波西米亞與其他文學和藝術先鋒派一起匯入了現代主義的巨流之中。有學者還將波西米亞的生活方式與後現代主義相聯繫，這實際上也肯定了現代主義和後現代主義之間的某種連續性。[13]

到了21世紀，在美國，起源於20世紀60年代具有波西米亞精神的「嬉皮士」一族，與80年代具有布爾喬亞傳統的「雅皮士」新貴們產生了交集，融合成一股社會新勢力「布波族」。[14]所謂「布波族」其實就是「布爾喬亞」與「波西米亞」的統一。布爾喬亞的內核是實用主義，波西米亞的內核是浪漫主義。布爾喬亞（Bourgeois）是中產階級的法語音譯。他們嚴格遵從社會秩序和道德規範，一般擁有較高的學歷，有一份不錯的工作和比較豐厚穩定的收入，講究生活舒適和情調。到了19世紀，許多作家與藝術家反對布爾喬亞式的物質主義與金錢至上，開始通過個人創作與生活方式，實踐波西米亞式的浪漫生活觀。[15]

20世紀60年代的美國，各種社會運動此起彼伏，其中被戲稱為「幫派文化」的「嬉皮士」文化標新立異，展現了一副光怪陸離的畫面。[16]「嬉皮士」是20世紀60年代民權運動中放蕩不羈、崇尚烏托邦的年輕人。他們反對物質至上、反對戰爭，宣揚和平主義、快樂主義和社會理想主義，強調人的尊嚴、個性和自由，具體表現為建立群居村、迷戀搖滾樂、穿奇裝異服、吸毒、性混亂等。[17]

　　20世紀80年代初，一批不斷追求財富和地位的中青年掀起了「雅皮士」文化運動。「雅皮士」由美國專欄作家鮑柏‧格林（Bob Green）於1983年3月的《芝加哥論壇報》上首次使用。1984年美國《新聞周刊》將「雅皮士」形象搬上封面，並稱之為1984年美國的象徵。「雅皮士」的年齡一般在25到45歲之間，大都受過高等教育，從事高薪技術職業如律師、醫生、銀行家、企業家等，其中不少是政界、商界和學術界的新貴和精英。他們有極強的進取精神，堪稱「工作狂」，甚至沒有休閒時間。觀念上他們崇尚物質至上和消費主義。他們注重自我，急於滿足個人慾望，不注重婚姻家庭，道德觀念鬆懈。[18]所謂的「布波族」現象，正是資本主義觀念體系、價值格局發生偏轉後的一次精神資源的重新嫁接。它試圖回答，當資本主義的精神源頭──傳統的新教倫理和工具理性，在其世俗化的進程中日趨瓦解，當視工作為「天職」、奉行「節儉」、「禁欲」的原始積累精神已經在個性主義、享樂主義的現代之風中消耗殆盡時，該如何建構生活的意義和價值。[19]

　　「布波族」由各個行業的成功人士組成，他們既是真正達到了從心所欲階段的資產階級，卻又並不像拜金主義者那樣一味地追求名利；他們雖然才大氣粗，但表現在外的卻是一副自製、內斂、謙虛的面孔；他們既特立獨行，也更懂得享受生活；他們既看重塵世成就、講究品質生活，也更關注心靈成長、時常遊走在帶有夢幻色彩的理想世界之中。在布波時代，一個最響亮的口號是「像資產階級一樣有錢，像藝術家一樣有閒」，布波族追求的是物質文明與精神文明的雙豐收。[20]

◆ 註釋

[1]徐迎春：〈解讀波西米亞風格服裝〉，北京：《裝飾》，2006年第3期。

[2]徐迎春：〈解讀波西米亞風格服裝〉，北京：《裝飾》，2006年第3期。

[3]水邊：〈波西米亞之魅〉，長沙：《民族論壇》，2005年第3期，第1頁。

[4]李勇：〈印象派畫家的波西米亞精神〉，福州：《藝苑》，2011年第3期，第7頁。

[5]NICOLE：〈長盛不衰的波西米亞風〉，北京：《中國信用卡生活》，2007年5期，第66頁。

[6]向琳：〈從「公共領域」到「公共人」：美國知識分子的波西米亞傳統〉，長沙：《求索》，2010年10期，第137頁。

[7]向琳：〈波西米亞：獨立知識分子與公共空間〉，成都：《四川大學學報》，2010年3期，第77頁。

[8]向琳：〈波西米亞：獨立知識分子與公共空間〉，成都：《四川大學學報》，2010年3期，第76頁。

[9]季曉鑫：〈波西米亞在中國〉，鄭州：《美與時代》，2010年11期，第44頁。

[10]李勇：〈印象派畫家的波西米亞精神〉，福州：《藝苑》，2011年第3期，第7頁。

[11]李勇：〈印象派畫家的波西米亞精神〉，福州：《藝苑》，2011年第3期，第8頁。

[12][美]丹尼爾·貝爾（Daniel Bell）：《資本主義文化矛盾》，趙一凡、蒲隆、任曉晉譯，北京：生活·讀書·新知三聯書店，1989年，第101頁。

[13]向琳：〈波西米亞：被掩蓋的現代主義〉，成都：《四川師範大學學報》，2010年6期，第111頁。

[14]陳雅萍：〈「波西米亞」風格在服裝設計中的運用〉，南京：《文教資料》，2006年第22期，2006年8月，第76頁。

[15]姚海濤：〈從美國到中國的布波族〉，濟南：《時代文學》，2007年4期，第97頁。

[16][美]阿爾文·托夫勒（Alvin Toffler）：《未來的衝擊》，孟廣均、吳宣豪、黃炎林、順江翻譯，北京：中國對外翻譯出版公司，1985年，第260頁。宋蕾：〈從「布波族」現象看美國的個性自由〉，青島：《青島大學師範學院學報》，2002年4期，第36頁。

[17]宋蕾：〈從「布波族」現象看美國的個性自由〉，青島：《青島大學師範學院學報》，2002年4期，第36頁。

[18]宋蕾：〈從「布波族」現象看美國的個性自由〉，青島：《青島大學師範學院學報》，2002年4期，第36頁。

[19]易輝：〈知識精英一款：「布波族」〉，北京：《中關村》，2003年9月，第111頁。

[20]慧遠：〈「布波」族何以應運而生？〉，北京：《全國新書目》，2004年6期，第40頁。

第十四章　球衣潮範與世界盃

第一節　球衣風潮產生的歷史背景

一、足球與世界盃的歷史

足球是當今世界上最具影響力的競技運動，約有兩億人從事足球職業，擁有數十億的球迷。早在1958年7月，當時的國際足聯主席阿維蘭熱（Dr.Jean-Marie Faustin Goedefroid de Havelange）博士就曾在來訪中國時表示足球起源於中國。2004年初，國際足聯公開表示足球起源於中國，中國古代的蹴鞠就是足球的起源。6月10日，「足球起源專家論證會」在臨淄成功召開並取得一致結論，中國古代蹴鞠起源於春秋戰國時期的齊都臨淄。7月8日，國家體育總局正式批准將此結論公佈於眾。7月15日，在北京舉行的「第三屆中國國際足球博覽會」開幕式上，當時的國際足聯主席布拉特（Joseph S.Blatter）正式宣佈足球起源於中國。在隨後舉行的新聞發佈會上，亞洲足聯秘書長維拉番代表國際足聯和亞洲足聯正式宣佈世界足球起源於中國的淄博臨淄。[1]

西漢著名的目錄學家劉向說：「蹴鞠，黃帝所造，或云起於戰國，古人塌蹴以為戲。」[2]在漢代，蹴鞠有了長足發展，進入了中國古代足球運動的成熟時期，出現了專門的足球場地，足

球比賽的裁判應需而生，「不以親疏，不有阿私，端心平意，莫怨其非」。同時，蹴鞠不僅在民間廣泛傳播，男女皆可參加運動，而且被運用到軍事領域之中，成為軍隊訓練的獨立項目。它的健身性、娛樂性和對抗性都得到了充分的發展。從《蹴鞠二十五篇》可見此時蹴鞠的技術已經達到了與《射法》、《劍術》相同的成熟水準，競爭、對抗、公平的足球精神已經形成。[3]到了唐代，無論是蹴鞠的質地，還是蹴鞠的踢法，都發生了很大的變化。蹴鞠外面用皮革包裹，裡面用豬、羊等動物的膀胱為內胎，彈性和重量都發生了巨大的變化。足球的踢法也由原來的兩隊直接對抗，轉變為間接對抗，激烈對抗的足球魅力，在技巧表演的喝彩中消解了。與此同時，宮廷化成為唐代足球的又一特徵，蹴鞠成為宮廷貴族和宮娥的娛樂時尚。「宿妝殘粉未明天，總立昭陽花樹邊。寒食內人長白打，庫中先散與金錢。」[4]宋代足球沿著表演化、普及化、娛樂化、貴族化、幫閒化的方向繼續發展。陸游詩云：「寒食梁州十萬家，秋千蹴鞠尚豪華。」[5]元代散曲中描寫的遊戲蹴鞠的人物有雜劇子弟、妓女和仕女等，使得這項運動帶有了色情的味道。正因為宋元足球是上流社會、風流子弟、幫閒蔑片的時尚，一向以嚴刑峻法著稱的明代開國之君朱元璋，對足球採取了嚴厲的鎮壓措施，但是蹴鞠運動仍然存在。[6]

　　蹴鞠後來經阿拉伯人傳到歐洲，發展成現代足球。現代足球起源於英國，在中世紀的英國鄉村，足球曾經是一項很受農民喜愛的鄉間運動。1863年，倫敦的足球俱樂部制訂出第一個現代足球規則。創立於1871年的挑戰杯（足協杯）足球聯賽發展成英國最重要的體育賽事，現代足球也逐漸傳播到歐洲大陸和世界其他

地區。1872年英格蘭與蘇格蘭之間舉行了足球史上第一次協會間的正式比賽。1890年英格蘭舉辦了萬人觀看的女子足球賽，1894年成立了女子足球俱樂部。1904年5月，在英國拒絕擔任足壇領導者的情況下，7個歐洲國家在巴黎組建了國際足球協會聯合會（FIFA）。英國的4個足球協會隨後陸續加入國際足聯，在此後很長一段時期，國際足聯主席的職務都由英國人擔任。

　　現代足球的輝煌與世界盃有著密切的關係，它是對現代足球文化的最好闡釋，它體現和弘揚了民族精神，完整地展現了一幅立體的足球文化圖景，促進了足球運動技戰術風格的交流與發展，[7]它是世界上最高榮譽、最高規格、最高含金量、最高知名度的足球比賽，與奧運會並稱為全球體育兩大最頂級賽事，甚至是轉播覆蓋率超過奧運會的全球最大體育盛事。1904年5月21日，國際足聯的第一任主席法國人羅貝爾‧蓋丹，第一次向各國足壇領導人提出了舉辦世界足球錦標賽的想法。第一次世界大戰結束後，巴黎紅星隊的創始人朱爾‧雷米（Jules Rimet）先生當選為國際足聯主席，他又重新操起了這項擱淺的計畫。1925年，在布魯塞爾的一家飯店內，烏拉圭外交官布埃羅代表兩屆奧運會足球冠軍得主烏拉圭隊，正式對雷米特表示支持。1926年12月10日，國際足聯在巴黎召開會議，瑞士、匈牙利、法國、奧地利、德國等許多國家都派代表參加了會議。4個月後，會議的草案被提交給各國足協。1927年6月5日，在國際足聯召開的赫爾辛基會議上，以23票贊成、5票反對（北歐）、1票棄權（德國）通過了巴黎工作會議議案。1956年，國際足聯盧森堡會議上，大會把足球錦標賽的名稱改為「雷米盃賽」，在赫爾辛基代表會議上，最

終更名為「世界足球冠軍杯——雷米盃」，簡稱「世界盃」。每四年舉辦一屆。任何國際足聯會員國（地區）都可以派出代表隊參加。

2014年國際足聯巴西世界盃是第20屆世界盃，6月12日至7月13日，於巴西12座城市裡的12座足球場舉行，由來自世界各地的32支球隊參與賽事，進行64場比賽，決定冠軍隊伍。德國在決賽加時擊敗阿根廷，奪得冠軍，成為世界盃史上第一支在美洲國家舉辦的世足賽裡奪冠的歐洲國家足球隊。這是巴西繼1950年後再次主辦男子足球世界盃，也是最後一次由五大洲輪流舉辦的一屆。這是首屆使用門線技術、飲水時間和隱形噴劑的世界盃足球賽。

二、背號風潮

由世界盃引發的市場空間是巨大而潛力無限的。世界盃足球文化給旅遊業、餐飲業、通信業、服裝業、廣告業帶來巨大的利潤。據德國《鏡報》報導，根據Purely Footbal公司公佈的資料，2013年皇馬和曼聯並列第一，成為球衣銷量最多的俱樂部，兩家俱樂部的球衣銷量都超過了140萬件，第三名巴賽隆納銷售了115萬件，第四名切爾西銷售了91萬件，第五名拜仁銷售了88萬件，第六名利物浦銷售了81萬件，第七名阿森納銷售了80萬件，第八名尤文圖斯銷售了48萬件，第九名國際米蘭銷售了42.5萬件。同時，Purely Football公司還發佈了2013年全球球星球衣銷量榜。第一名C羅（皇家馬德里），第二名梅西（巴賽隆納），第三名厄齊爾（阿森納），第四名范佩西（曼聯），第五名魯尼（曼

聯），第六名伊布（巴黎聖日爾曼），第七名內瑪律（巴賽隆納），第八名阿圭羅（曼城），第九名托雷斯（切爾西），第十名香川真司（曼聯）。C羅的球衣在2013年銷售量已經超過100萬件，一件C羅的正品球衣售價為85歐元，100萬件意味著約8500萬歐元的銷售額。美國彭博電視臺曾表示，在貝克漢姆時代，皇馬22%的收入直接來源於球衣銷售，而現在C羅給皇馬帶來的利潤之巨不言而喻。

最早足球衫是沒有背號的，1928年，在英格蘭First Divsion 聯賽裡Chelsea vs Arsenal 開始試用背號，後來很多球隊逐漸採用這個習俗，逐漸形成一種背號文化。傳統足球是沒有替換球員的，所以教練列出隊員清單的那11號就是會上場的11人，傳統足球習慣從「後面」開始排列，先列守門員，再列後衛、中場、前鋒球員。1號當然是門將，2、3、4、5是後衛，一般來講，4號和5號是中後衛，2號通常打右邊，3號打左邊，6、7、8、10是中場，10號當然是核心，司職前腰，在足球戰術還沒有發展到有前腰時，10號也是中場領軍人物，6號一般打後腰，7號和8號分別打右前衛和左前衛，9號和11號是前鋒，其中，9號通常是中鋒，11號則是邊鋒。後來踢足球的人慢慢增多，號碼也依次往後排列，很多大號如99、77隨之出現，而這些號碼所代表的場上位置及作用的意義也不再局限於最初的含義。足球運動發展到現在，號碼的含義通常都是球員所賦予的，不再是最初指定的意義，比如我們買球衣挑選號碼時，總是挑選偶像的號碼。在友誼賽、熱身賽和預選賽這類比賽中，足球運動員的背號最大不能超過99，而在諸如世界盃、歐洲杯和洲際比賽等正規的世界大賽中，足球運動

員的背號最大不能超過23。

　　當人們發現體育事業背後蘊藏的商機時，體育經濟才開始正式進入人們的視線並被人們所關注。體育經濟建立在體育用品、體育賽事等體育產業的基礎之上，它從體育活動中來，將體育活動與經濟活動有機地融合在一起，並成為社會經濟不可分割的一部分。正是由於球衣銷售的巨大經濟利益的驅動，時尚界敏銳地覺察到了這一全新的流行趨勢，於是在2014年的世界盃年各大流行品牌都推出了背號服裝，將球衣時尚化，將背號元素巧妙地植入現代服裝中，引領了新的流行風潮。

第二節　足球運動及其球衣的審美文化內涵

一、資本主義文明的擴張

　　足球作為一種文化現象，其基本內涵指的是，人們在以足球為對象的社會實踐活動中所表現出來的，人的運動和創造的本質，以及一系列與足球相關的物質的、制度的和精神的社會實踐成果。足球文化反映的是人們對待生活與生命的態度，它是歷史社會總體文化長期積澱在足球運動中的集中體現。[8]現代足球是伴隨著資本主義社會文明的進步，以及文藝復興所宣導的追求自由與解放的人文精神發展成長起來的。19世紀初期，足球運動在英國迅速發展，而此時號稱「日不落」帝國的英國殖民地遍佈世界各地，隨著英國殖民地的擴張與現代西方文明的逐漸滲透，足球運動傳向了世界的各個角落。然而足球運動在被世界各國所接納的同時，其深層蘊含的體運精神與世界各民族的傳統精神相互

融合，形成了強烈的民族風格。譬如眾志成城的日爾曼戰車，全
攻全守的荷蘭橙色軍團，義大利式的混凝土防守，矯捷靈巧的巴
西森巴舞……

二、媒介鏡像的神話

　　足球運動已經不再是一個純粹意義上的體育競技項目。進
入大眾傳播領域的足球，在文化工業的流水線生產和標準化操作
下，成為一種大眾文化和娛樂性產業。媒介提供的鏡像世界代替
了本質的真實，文化外殼掩蓋了商業牟利的動機，而作為受眾的
球迷則在媒介精心營造的虛假氛圍中沉醉和狂歡。法蘭克福學派
尖銳地批判文化工業以組織的形式，結合先進技術，如同工廠裝
配線一般地製造大量內容與結構雷同的標準化產品，這些產品複
製了現存的社會關係，且以休閒娛樂的方式麻痹大眾意識，滿足
受眾虛假的需求。足球運動的對抗性與偶然性造就了戲劇般的衝
突與懸念，同時由於它的產業化模式與競技規則統一的特質，為
大眾媒介公式化的文本製作提供了絕佳的素材，媒介通過設置公
共話題，通過對夢幻的營造，把足球運動建構成一個現代神話，
事實被誇大、細化和無限延長，足球比賽的偶然性掩蓋了一切，
受眾如癡如狂地認為自己解讀的是個性化、自主化的媒介文本，
球迷潛在的期待和焦慮被激起後，再通過各種報導、分析、描述
和敘說加以撫慰。[9]

三、英雄情結的滿足

　　體育競技在某種意義上是人類攻擊本能的一種轉移，相當於

把戰場上的廝殺格鬥引導到體育場內。處於現實世界中的每一個人，都有在困境面前束手無策的體驗。英雄人物便成為人們擺脫困境的心理寄託。自古以來，英雄情結便是人類內心深處最潛在的心理需要之一。英國19世紀著名的散文家和歷史學者湯瑪斯·卡萊爾（Thomas Carlyle）在他的《英雄和英雄崇拜》一書中，把英雄崇拜說成是解救絕望現狀的唯一辦法，是一種新的宗教。而足球媒體營造的是一種更加符碼化的現代神話，是一種更易於人們不知不覺接受的平民文化。它藉助語言和視覺形象等傳播媒介，滿足人類對脆弱心靈的自我救贖，在理想與社會觀念嚴重衝突的境況下，以幻覺體驗的短暫滿足獲得解脫與安寧，潛在的英雄情結促使受眾實現對文本的解讀。[10]

四、社會交往的需要

話題是人際交往所需要的，因此媒體營造的足球文化滿足了人們社會交往的需要。現代社會是資訊社會，資訊通過大眾傳媒滲透於人們生活的各個方面，並且導致人們容易受到具有極大影響力的傳媒的左右。美國社會學家大衛·理斯曼（David Riesman）認為，在人類發展歷史上，貫穿著三種不同的社會性格類型：傳統導向、內在導向以及他人導向。而現代社會中的他人導向，究其本質在一定程度上就是傳媒導向，人們需要共同的話題來融入彼此的人際交往圈，處於潛意識裡對人際交往中被孤立的恐懼，越來越多的人開始關注「一般人」感興趣的話題。由於傳媒扮演了「泛他人化」的角色，與足球有關的話題理所當然成為了大眾話題。[11]

五、全球化的狂歡節

在全球化時代終於出現了一個地球村的狂歡節──世界盃，在世界盃的賽場上無論哪種膚色，哪個國家和地區的人，無論何種宗教信仰還是非教徒，都在同一賽場上按照同一規則進行著和平、友好、公平的競賽，都在賽場內外，為勝利者歡呼，為失敗者歎息，世界盃使地球村在同一場遊戲之中回復到某種天真狀態。[12]同時，人的一生無法免於生老病死的煎熬，現代工業生活緊張又單調，因此人們渴求鬆弛自主，希望逃避現實暫作逍遙遊。足球運動的激烈對抗、藝術美感與夢幻情境，使人輕鬆愉悅地排遣了現實生活中的壓力和不快。

關於狂歡節的起源主要流行「異教起源說」和「基督教起源說」兩種觀點。包括巴赫金在內的很多學者都傾向於異教起源說這樣一個觀點，即狂歡節來源於古希臘的酒神節、古羅馬的農神節等異教節日。俄國人巴赫金在《拉伯雷研究》與《陀思妥耶夫斯基詩學問題》當中，提出了狂歡理論。巴赫金建構了一種現實世界與非現實世界的二元對立。前者是指以嚴肅與禁慾為其常規生活內容的世界，後者是指民間節日的狂歡世界。人們進入節日慶典之後，現實世界往往被暫時隔離開來，參與者「顛覆等級制，主張平等的對話精神，堅持開放性，強調未完成性、變異性、雙重性，崇尚交替與變異的精神，摧毀一切與更新一切的精神，死亡與新生的精神。」[13]巴赫金的狂歡理論雖然源自于文學作品，但它的影響力超越了文學和文藝研究，已經成為20世紀中期以來文化研究領域的經典理論之一，尤其對理解狂歡節所蘊含

的西方社會文化傳統有著重要的參考價值。同樣，另一位法國思想家巴塔耶認為，在節日期間，「人人停止勞作，隨心所欲地消費產品，故意違反最神聖的法律」。然而，這種發作既然作為一種「違反」而存在，正顯示出它潛在地承認原有秩序的合法性。巴塔耶實際上表達出與巴赫金類似的觀點，即從狂歡與現實世界的背反特徵來看，人類生活及其精神世界的確存在一種二分法：一種是由宗教或權威所控制的常態的、現實的世界，另一種是由宗教或權威所允許的非常態的、虛擬的世界。基督教起源說，則指為紀念耶穌受難前一星期在曠野守齋祈禱40晝夜且拒絕魔鬼的食物的聖行，羅馬基督教會規定在復活節前47天起進入四旬齋，禁止一切娛樂與歡宴活動，禁絕肉食，慢慢地逐漸形成趕在齋期開始前大吃大喝、縱樂一場的習俗。[14]

　　足球運動本身是集政治、經濟、哲學以及現代生活方式等為一體的文化現象。[15]四年一屆的世界盃把足球文化的社會影響力推向極致。人們之所以熱愛世界盃，並不僅僅是熱愛足球，而是熱愛運動的激情、競爭的奔放、上帝之手的話題、黑馬王子的懸念等等。[16]直播帶給大家的並不是簡單的體育比賽，而是一種精神寄託。[17]

◆ 注釋

[1] 〈足球的起源地臨淄與中國古代蹴鞠〉，http://wenhua.qulishi.com/news/201403/11490.html。

[2] 劉向：《別錄》，士禮居叢書。

[3] 姚玉光：〈簡論古代文獻中的「蹴鞠」與足球文化〉，太原：《山西師大體育學院學報》，2002年1期。

[4] 彭定球：《全唐詩》第三冊第678卷，呼和浩特：內蒙古文化出版社，1998年。

[5] 錢仲聯：《劍南詩稿校注》，上海：上海古籍出版社，1985年。

[6] 姚玉光：〈簡論古代文獻中的「蹴鞠」與足球文化〉，太原：《山西師大體育學院學報》，2002年1期。

[7] 田世平、李坤賢：〈世界盃與足球文化〉，濟南：《山東體育學院學報》，2007年4期，第32頁。

[8] 田世平、李坤賢：〈世界盃與足球文化〉，濟南：《山東體育學院學報》，2007年4期，第32頁。

[9] 王文軍：〈現代足球文化的傳播解讀〉，北京：《體育文化導刊》，2007年12期。

[10] 王文軍：〈現代足球文化的傳播解讀〉，北京：《體育文化導刊》，2007年12期。

[11] 王文軍：〈現代足球文化的傳播解讀〉，北京：《體育文化導刊》，2007年12期。

[12] 王川：〈全球化時代的狂歡節〉，南寧：《今日南國》，2006年13期。

[13] 巴赫金：《拉伯雷研究》，石家莊：河北教育出版社，1998年。

[14] 張驍鳴、楊曉靜：〈節慶文化變遷分析——以狂歡節為例〉，北京：《北京第二外國語學院學報》，2008年第7期。

[15] 方浩：〈民族的足球，也是世界的足球〉，http://www.jxnews.com.cn/jxcomment/system/2006/06/12/002274595.shtml。

[16] 王林昌：〈韓國人品嘗歡樂〉，北京：《人民日報》，2002年6月26日。

[17] 貢娟：〈論我國體育人才的培養與管理〉，北京：《體育科學》，2003年第2期，第32～36頁。

第十五章　破洞牛仔褲與符號消費

第一節　破洞牛仔褲產生的文化背景

一、從商品拜物教到符號拜物教

　　所謂拜金主義，就是把金錢價值看作最高價值，其他一切價值都服從於金錢價值的思想觀念和行為。拜金主義是從商品拜物教發展而來的。商品拜物教是商品經濟發展的產物。[1]從歷史發展進程來看，早在原始社會，就已然存在著拜物教傾向。在那時，由於生產力發展水準低下，人們認識和改造自然界的能力較小，由此不可避免地產生出對自然的盲目崇拜。[2]這是人類社會發展初期普遍存在的景象，並且在非洲土著那裡表現得較為明顯和突出。馬克思認為，在資本主義生產方式基礎上，一旦勞動產品採取了商品形式，商品就成了一個怪物，商品形式便充滿形而上學的微妙和神學的怪誕。在商品世界中也存在著這種類似於物神崇拜的景象，即在商品世界中也存在著人們對商品的宗教式崇拜現象。在這個人們自己構築出來的世界裡，他們把自己首先化身為交換價值這個抽象的價值實體，並且將價值表現物化於一個具體的有用的物品上，進而又將價值當做一種天然的屬性賦予這個作為等價物的商品身上，從而為商品鍍上了一層神祕的玄幻色彩。[3]

　　拜金主義雖然從貨幣產生之後就萌芽出現，但是到了資本主義社會，貨幣成為了社會財富的一般代表，它可以用來購買一切商品後，貨幣就變成了人類勞動的直接化身，商品生產者的命運決定於商品能不能換成貨幣，於是就從商品拜物教的商品支配人，變成了貨幣支配人，人們之間的一切關係變成了金錢關係，金錢成了至尊神。馬克思說：「在論述商品和貨幣時，我們已經指出了一種神祕性質，它把在生產中以財富的各種物質要素作為承擔者的社會關係，變成這些物本身的屬性，並且更直截了當地把生產關係本身變成物。一切已經有商品生產和貨幣流通的社會形態，都有這種顛倒。但是，在資本主義生產方式下和在資本這個資本主義生產方式占統治的範疇、起決定作用的生產關係下，這種著了魔的顛倒的世界就會更厲害得多地發展起來。」[4]市場經濟有自己的運行規則，市場行為主體在經濟活動中要追求利益或利潤的最大化，其結果市場經濟一方面可以刺激經濟的發展，激發了人們的活力，而另一方面則在一定程度上誘發了人的趨利性，從而滋生出拜金主義思想。拜金主義是隨著私有制和商品貨幣關係的產生而產生和發展起來的一種腐朽沒落的價值觀念，是資本職能及其運動目的在意識形態上的反映，如果你把金錢當成上帝，它便會像魔鬼一樣折磨你。[5]

　　商品世界的拜物教性質是以商品生產為勞動生產方式的社會所必然導向的一個結果及其主體迷誤。這在根本上受生產力與生產關係之間矛盾運動的制約，即一方面是彼此獨立的私人生產，生產資料為私人所佔有，而另一方面是社會化的商品生產的日漸拓展。這二者之間的矛盾在私有制條件下最終只能通過日漸擴大

和成熟的商品交換這個仲介管道予以解決。商品生產方式本身內在地有著拜物教的性質，主要是由價值規律及其起作用的方式所導致的。價值規律在整個交換關係中是以一系列顛倒的方式發揮作用的，由此必然使得沉浸在商品世界中的人們產生拜物教的主體迷幻。[6]弗羅姆（E.Fromm）在他的《健全的社會》一書中就曾斷言：「如果讓有些人描述他對天堂的看法，他會描述出一個像世界上最大的百貨商場一樣的天堂，裡面擺滿了許多新產品和新玩意，只要他有充足的錢來購買這些東西，他就會垂涎三尺地在這個商品琳琅滿目的天堂裡逛來逛去。」[7]

從某種意義上說，趨樂避苦是人的本能反應，人對金錢的追求本也無可厚非。但一個人如果對金錢過分崇拜，則是人格不健全的表現。金錢崇拜者有兩種性格傾向：一種是「囤積性」性格傾向，他們非常關心自己的佔有物，並廣泛吸收一切有價值的東西。另一種是「接受性」性格傾向，他們感到一切好的感覺都來自於體外，包括一切華貴的商品和風景名勝等有刺激的東西，只要有可能他們就會一股腦兒地將這些東西全部吞食掉。他們的最大樂趣就是消費金錢，而一旦囊中羞澀，這種需求受到威脅時，就會感到焦慮和心煩意亂。」[8]佛洛依德對此的解釋更是饒有趣味，他認為，佔有和囤積錢財的怪癖，是因為他昇華了保留大便的無意識欲望所致，因此他稱這種人為「肛門性格」的人。肛門性格的人對排泄物有一種濃厚的興趣和親切感，他們試圖通過把自己塑造成一個自給自足的系統，來獲得某種安全感，並以此為樂。至於以消費金錢為樂的人，佛洛依德稱之為「嘴巴性格」。他認為，人自從離開母體後，就深深地為一種孤獨和焦慮所苦

惱，在他的內心深處埋藏著一顆回歸子宮的種子，當他們感覺自己無法適應外部環境時，就不停地吸吮母親的乳頭來獲得溫暖，或拼命地往嘴裡填充一些東西來驅散內心的空虛，並以此來表現自己的存在。[9]肛門性格和嘴巴性格的人，雖然在金錢崇拜的方式上有所不同，前者把消費金錢看作是對自我安全感的最大威脅，而以無限制地佔有和囤積金錢為樂，後者則是把消費金錢作為自己生命的唯一目的，而窮奢極欲、揮金如土。但他們在享樂的性質上卻並不矛盾，那就是金錢崇拜。[10]

消費社會最早出現於20世紀20、30年代的西方發達資本主義國家，由於經濟、科技的發展，以及在此基礎上發展起來的大眾媒體的推波助瀾，使消費已經不僅僅是滿足人們基本生存需要的行為，而成為滲透在人們生活方式中的一種文化。馬克思曾批判過的商品拜物教，逐漸讓位於符號拜物教，消費意識形態獲得統治地位，整個社會處於嚴重異化之中。[11]經濟全球化帶來了消費全球化，消費主義開始登堂入室，消費主義文化也開始在中國流行。在這個文化工業時代，一切物質商品都被品牌文化包裝，而一切文化又都變成了商品，納入商品交換的軌道，物質和文化的消費都商業同質化。[12]法國思想家尚‧布希亞（Jean.Baudrillard）創造性地提出，消費社會是社會經濟迅速發展，物質財富大量增加，人們被鼓勵消費所產生的。消費社會的產生是以生產為中心的社會向以消費為中心的社會轉變的必然結果，消費社會就是消費成為其最主要活動的那個社會。在消費社會，消費不僅代替生產而成了社會主導，而且成了最主要的價值觀。[13]

文化工業是憑藉現代科學技術手段大規模地複製傳播文化

產品、文化商品的娛樂工業體系。[14]現代的大眾文化是由文化工業塑造和支撐起來的消費型文化，具有消費主義取向，是技術理性和經濟力量侵入文化領域的結果。大眾文化是一種媚俗文化，但它並不是從群眾自身中自發產生的文化，而是藉助於大眾傳媒而流行於大眾之中的通俗文化。大眾文化直接促使消費社會出現。[15]消費主義是商品生產衍生出來的一種特殊的生活方式，它通過大眾傳媒製造和傳播大眾消費文化，滲透進入人們的無意識，成為人們生活方式的一部分。它不在於僅僅滿足需要，而在於不斷追求難以澈底滿足的欲望。消費主義思潮代表了一種意義的空虛狀態以及不斷膨脹的欲望。[16]

為了某種社會地位、名望、榮譽而進行的消費，就是符號消費。「一件商品，無論是一輛汽車、一款大衣、一瓶香水，都具有彰顯社會等級和進行社會區分的功能，這就是商品的符號價值。一件商品越是能夠彰顯它的擁有者和使用者的社會地位和社會聲望，它的符號價值也就越高。」[17]布希亞指出，今天符號價值的消費已經構成了社會所有成員之間相互關係的基礎和紐帶。他甚至認為，在後工業消費社會，商品的實質意義逐漸消失，「仿像」商品的消費文化佔據了重要地位。[18]在消費社會，人們不僅關注商品的使用價值，更為關注的是商品外在的符號意義，人們對商品的消費演變為對符號的消費，確切地說是通過消費達到對符號的佔有和體驗。可見，當今的消費社會已經是一個符號編碼和符號支配的社會，符號控制代替了生產控制成為社會控制的主要形式，由於人們日常生活中那些不可或缺的物品獲得了某種文化符號的意義，從而使消費與商品的使用價值相脫離，商品

的符號意義就成為身分與社會地位的象徵，從而使消費社會由以前商品拜物教轉變為符號拜物教。所以把商品虛化、抽象為一種形式符號，這是當代消費文化的重要運行方式，也是符號拜物教的具體體現。符號拜物教可以說是全球化時代消費社會的最大特徵。而符號拜物教的形成和發展經歷了一個生產主導──消費主導──符號主導的發展過程，其動力來自市場經濟社會對經濟利益的無限追求。[19]商品成了文化符號，文化大部分地變成商品。這樣，大眾媒體通過自己強大的符號意義的製造能力、傳播能力和滲透能力，不斷為大眾提供著新的符號意義，並一次次刺激著人們的欲望，不斷喚起人們的好奇心，從而進一步加劇了消費文化的流行，使消費社會進入商品崇拜的新階段──符號拜物教階段。

人們的真實需要往往是指衣食住行等必須的物質需要，實際上人的真實需要是不多的、有限度的，而其他需要都是虛假的，並非幸福生活所必須的，虛假需要是大眾傳媒製造和推動的，是與他人相互比較的，被刺激出來的，來自虛榮心的需要。[20]在消費成為至高無上的意識形態話語時，人與自我的關係也變成了一種消費與被消費的關係。消費主義文化把虛假的需要意識強加給人，並把虛假的需要當成真實的需要，進一步在滿足需要而進行無休止的消費的同時，人命的價值在淪落，文化也越來越物質化、平庸化，越來越喪失了批判的功能。[21]如果說當初的金錢只是作為一種等價交換的手段而存在，並且它的產生也曾使人類向文明和自由邁出了新的一步，那麼，今日人之對商品符號的佔有欲已遠遠超出了它原有的功能，而成為一個人獲得他

自身以外力量的最本能的選擇。[22]正如美國社會心理學家弗羅姆
（E.Fromm）所言：「當一個人感到自身力量的匱乏時，就會轉
而追求第二種力量的支持。」[23]透過符號商品崇拜者對符號商品
的瘋狂積蓄、佔有和消費的表現現象，展現在我們面前的是一塊
虛榮的面紗。在一個商品具有普遍意義的社會裡，每一個人都會
更加注重自己的外表，特別是當他們感到自身力量的匱乏時，就
更加希望用金錢來標誌自我的富有，以求得他人對自己的尊重和
獲得良好的自我感覺。他們購買奢侈品的真正目的，並不是出於
使用它們的需要，而是滿足對金錢無使用價值的佔有。[24]現代社
會在某種意義上是一個高度符號化並產生了符號異化的社會，以
符號拜物教形式表現出來的符號異化在現代社會裡獲得了蔓延的
土壤。

二、奢侈品民主化的趨勢

　　筆者前文所論述的符號商品在時尚圈裡主要就是指涉奢
侈品。現在的英文奢侈「Luxury」一詞最初來自拉丁語詞根
「Lux」，一般被理解為光的意思，其含義是太陽神送給人類的
美好禮物，是被人類崇尚並熱愛的事情。「Luxury」的原意與
「Abundant」一致，意指「充分的、豐富的」，是中性詞。大
部分歐洲語言都吸收了該詞根的含義，如現在的西班牙語中是
「Lujo」，法語中是「Luxe」等。無論東西方，早期的奢侈品原
始形態都不是商品，為了適應了早期社會權貴身分和等級特權等
思想觀念的現實要求，奢侈品成為象徵物品，而非使用物品。因
而奢侈品的概念是先於商品經濟而產生。奢侈品是隨著森嚴的等

級社會發展而產生的象徵物，我們現代商品社會中的奢侈型消費品是被偷換了概念的奢侈品。[25]到了現代，奢侈品的內涵隨著西方社會思潮的發展而不斷改變，尤其人類進入20世紀60年代後，西方社會對傳統豪富階層的奢侈型消費品進行了大量的批判。1968年之前奢侈品一直是提供給最富裕階層的特殊商品，在這之後隨著全世界範圍內的中產階級不斷地發展與積累，奢侈品的需求漸漸地形成一股趨向一般消費大眾的趨勢，這一趨勢在西方被稱為「奢侈民主化」過程。

奢侈品（Luxury）在國際上被定義為，一種超出人們生存與發展需要範圍的，具有獨特、稀缺、珍奇等特點的消費品，又被稱為非生活必需品。現代經濟學鼻祖亞當・斯密（Adam Smith）在其1776年出版的政治經濟學著作《國民財富的性質和原因的研究》中指出，「一切不屬於生活必需品範疇的物品被歸類於奢侈品。」牛津高階詞典給奢侈品一詞的解釋是，「一種價格不菲且令人愉悅的非生活必需品」。劍橋高階詞典的解釋為，「一種昂貴且樂意去擁有，但非必需的物品」。韋伯斯特詞典的解釋為，「一種可以增添愉悅感和舒適程度，但絕非必需的物品」。[26]直至20世紀90年代以後，西方的學者們才澈底跳出「非必需品」思想的約束，回到奢侈品研究的起點，即在奢侈品的象徵意義上尋找能夠表達其內涵的要素。奢侈品指的是價值／品質關係比值最高的產品，無形價值／有形價值關係比值最高的產品。努埃諾（Nueno）和奎爾奇（Quelch）則將奢侈品定義為功能性價值占價格比值低的產品。[27]朱明俠在《奢侈品的廣義定義及其研究框架》一文中提出，奢侈品是指消費者對某件特定商品預期會給自

己帶來的體驗價值遠遠高於該商品具有的使用價值的一類特殊商品。[28]十大服裝奢侈品品牌為：唐納‧凱倫（DonnaKaran）、路易‧威登（Louis Vuitton）、香奈兒（Chanel）、凡賽斯（Versace）、迪奧（Dior）、蔻馳（GUCCI）、范倫鐵諾（Valentino）、普拉達（PRADA）、古琦（GUESS）、喬治‧亞曼尼（GiorgioArmani）。

我國奢侈品消費正在進入黃金階段。中國產業洞察網資料顯示，2008年中國奢侈品消費總額已達到1410億人民幣，2009年增長至1556億人民幣，2010年再次大幅度提高，並且提高中約有67%來自新增消費者，2011年，中國奢侈品消費年度總體增幅在25%~30%之間，2012年奢侈品銷售額達到3060億人民幣，超過日本成為全球第二大奢侈品市場。我國經濟高速發展帶來大量新富階層，無疑是奢侈品消費在近幾年快速增長的最直接原因。

三、「快時尚」催促服裝高級定制的退潮

同時，在服裝界與奢侈品相提並論的概念就是服裝的高級定制。「Haute Couture」是高級定制的法語原名，「Couture」指縫製、刺繡等手工藝，「Haute」則代表頂級。高級定制服裝是時尚的最高境界，高級定制服裝源於巴黎著名的設計師查理斯‧夫萊戴里克‧沃斯（Charles Frederic Worth），他於1858年在巴黎開創了高級定制服裝的先河，最終成為法國人崇尚奢華古老傳統的代表，並被命名為「Haute Couture」。而英語直接將法語借過來用，「高級定制」簡稱「高定」。沃斯創建設計師自己的品牌，每年發佈最新系列作品，並由真人模特展示等，後來都成為高

級定制時裝的特點。服裝高級定制，其實在服裝業中，可以算是一個最古老的製作方法。從開始有裁縫的歷史起，服裝都是根據個人量體裁衣，然後由裁縫根據尺寸定做，不同的人都有不同的做法，因此，一般來說，每件都是個性化。不過，自從19世紀中葉出現「成衣」這個詞語以來，裁縫店也就慢慢淡出了服裝的製作舞臺，雖然沒有消失，但在服裝的比重中已經大大不如從前了。21世紀，服裝量身定做又開始在城市中出現，並重新佔據了一個重要位置，跟以前不同，他主要服務於都市白領、城市新貴，講究品位和個性的人物。服裝定制作為提升自身形象的一種方法，成為了區別他人的一種標誌，也成了新富階層的一種時尚。只要你打一個電話，專業裁縫就會如約而至，他會為自己的客戶量身並進行形體設計，對著裝提供建議，建立個人量體資訊資料庫，同時每隔若干時間會進行體型資料修正，按季節、場合提供定做服裝的服務。服裝高級定制可細分為量身高級定制、個性化高級定制、奢侈高級定制三種。服裝高級定制的要求是：在巴黎設有工作室；能參加巴黎「高級定制女裝協會」舉辦的每年1月和7月的兩次高級定制女裝秀；每次展示至少要有75件以上的設計是由首席設計師完成的；常年雇傭3個以上的專職模特；每個款式的服裝件數極少，並且基本由純手工完成。滿足以上條件之後，還要由法國工業部審批核准，才能命名為「高級定制服裝。」

　　高級定制時裝的精髓與靈魂在於獨有的設計、精確的立體剪裁與精湛的手工藝。到了1900年的巴黎國際博覽會，法國的高級時裝則正式步入了世界舞臺。保羅・波烈（PaulPoirer）將女性

從可怕的束腰中解放出來，他同時也是將戲劇因素引入時尚界的第一人，他第一個推出了用服裝品牌命名的香水，從而開始了對高級時裝附屬產業的開發。第一次世界大戰對服飾的發展產生了重要影響。男人離開家庭去打仗，改變了女性在社會中的位置。面對新的社會責任，女性需要一種新的生活方式來表達她們對自由的嚮往和憧憬。設計師讓・巴度（Jean・Patou）、勒隆（Lelong）、浪凡（Jeanne Lanvin）據此設計出了短裙，並將後背大部分袒露出來，剪裁貼身，顯現身段。1929年的經濟危機波及了整個西方社會，人們對國際形勢及社會變革的擔憂對服飾的發展演變進程產生了一定影響。這個時期的時尚舞臺由香奈兒（Coco Chanel）和瑪德萊娜・薇歐奈（Vionnet）掌控，前者以絲綢晚禮服聞名，後者則以服裝色彩的鮮豔為特色。第二次世界大戰期間，巴黎的多家時裝工作室均宣佈關閉，如香奈兒、薇歐奈、梅因布徹等。只有20餘家繼續運營，但每年也只能設計生產100多個式樣。真正挽救巴黎高級時裝業的是勒隆先生在二戰中組織的一系列「喜劇舞臺時裝秀」，他給一群用鐵絲做成的小模特穿上高級時裝工作室製作出的經典的巴黎高級時裝，並將其置於各種主題的舞臺背景中。這項展覽在歐美巡迴演出，為巴黎找回了全世界的目光，隨之而來的是大批的顧客，巴黎高級定制時裝業由此開始復興。戰後，巴黎很快找回了自己的時尚之都的地位。新晉設計師克里斯汀・迪奧（Christian Dior）將服裝帶入一個新的時代，1947年，這位靦腆的男士以他神奇的「New Look」系列服裝為時尚界帶來了一場真正的革命，對服裝的整體構思產生了深遠影響。高級定制時裝的真正黃金時期是在20世紀50年

代，這同時也是轉變時期，出現了雞尾酒禮服、高跟鞋。20世紀60年代是反傳統的動盪的十年，此時的青年一代都出生於嬰兒潮時期，渴望與成人世界保持距離，他們想要通過服裝來表現自己的想法，年輕女孩們穿上了褲子，不分男女的服裝更是試圖將性別差異抹去。高級成衣業開始逐步發展起來，高級定制時裝儘管仍然存在，但卻受到了巨大衝擊。20世紀70年代，巴黎仍然保有世界時尚之都的尊貴地位，每年舉行兩次高級定制時裝秀及兩次成衣秀。但同時，米蘭、紐約、倫敦、東京也快速崛起，成為世界時尚的重要中心。此時巴黎高級時裝的客戶僅剩下2000人左右，而在1943年，這個數字是20000人。現如今，從經濟的角度來看，高級定制時裝作為一個產業已經名存實亡，只有大概十來家的巴黎企業仍在經營高級定制時裝，如香奈兒（Chanel）、迪奧（Dior）、紀梵希（Givenchy）、范倫鐵諾（Valentino）、亞曼尼（GiorgioArmani）等。[29]

然而，自20世紀90年代時尚圈颳起「快時尚」風，快銷模式就一直在時尚圈擴散，奢侈品宣導的精神消費已成為遙遠的過去，人們在第一時間就能享受到對奢侈品品牌的複製，奢侈品的流行款式變得唾手可得，從而導致了奢侈品的變相貶值。更可怕的是，快時尚品牌不僅在模樣上複製了奢侈品，還做了年輕化與時尚化的更新，更加符合年輕人的口味。這樣一來，奢侈品賴以驕傲的資本一時間變得蕩然無存。

第二節　破洞牛仔褲的隨意化特徵

1899年，制度經濟學的創始人托斯丹・范伯倫（Thorstein B Veblen）在他的代表作《有閒階級論──關於制度的經濟研究》一書中寫到，人們渴望擁有財物、消費財物的動機，除了自己享受以外，更多的是因為財物數量和所擁有財物的精美程度，決定了他們在某個社會環境裡所處的優劣地位。對於財物的消費有質有量是一種無尚榮耀的消費方式，反之，如果不能達到某一個適當的消費標準則就意味著卑賤和屈服。炫耀性是奢侈品最基本的屬性。[30]由於奢侈品的炫耀性特徵，如今在中國的普通工薪階層中也出現了這樣的一種普遍現象：攢上幾個月乃至半年的工資去專賣店買一件奢侈品牌的服飾或包，然後穿著或帶著去擠公車。這成為現階段中國一部分奢侈品消費人群的顯著特徵。在歷史上，有兩個原因使得奢侈品出現，一個是創造者對於商品品質的極端專注，另一個是創造者對於時尚的潮流具有毋庸置疑的權威，能夠為尋找潮流、優雅和品味的貴族們提供不可或缺的建議。今天奢侈品的排他性以及獨特性在大眾產品以及越來越濃重的商業色彩中被消磨了。奢侈品是為某個特殊的人而手工製作出來的。隨著奢侈品狂熱者在全球的增多，奢侈品變得更易獲得和更為庸俗，它們正面臨著遺失真實價值的危險。

如果說有些消費者「打腫臉充胖子」的話，那就還有相反的故意瘦身的特立獨行者，譬如服飾的隨意化就是這種類型。服飾隨意化的趨勢並不是一種頹廢的跡象，相反卻是現代性的一種表

現。人們可以偶爾訴諸不拘小節的穿著，作為一種挑釁社會的方式，不僅僅嬉皮士和其他反叛者可以如此行為，進而在社會譜系的另一端，眾多的百萬富翁也穿得比他們的下屬更差，他們通過泰然無妨地藐視習俗而作為展示其權利的一種方式。[31]在這種逆勢而行的作法中，他是要表達對於前述的超前消費的不屑，更是要體現出他的文化身分超越了通過服飾來體現自身身價的地步。[32]

破洞牛仔褲在中國的流行，最早見於20世紀的90年代，出現了手磨貓鬚、釘珠繡花等各種工藝。這種風氣來源於20世紀60年代，嬉皮士們費心地將自己的牛仔褲磨得破破爛爛，使其褲腳袋口露出一點磨毛，讓自己的衣著看起來頹廢，這應該算是這種不羈風潮的起源了。經過多年的發展，牛仔褲從起先的低調磨損、補丁到現在的大洞、殘敗不堪。破洞牛仔褲曾在幾年前的歐美上流社會裡回潮。上流社會的富人和明星們一條看起來如同幾個月沒洗、佈滿污垢與破洞的牛仔褲，動輒都是上萬元的天價。在精美絕倫的高級定制已不為豪門所獨有的今天，真正的豪門顯貴乾脆以街頭流浪漢的形象標榜自己的與眾不同，他們褲子上的破洞和污漬不是風餐露宿的結果，而是重金換來的複雜精妙的工藝，每條破洞牛仔褲上的商標足以令人望洋興嘆。普拉達（Brand）的破洞牛仔褲價值2398美元。幾萬元只買到一條乞丐穿的破洞牛仔褲這才是對奢侈品的巨大反諷和絕佳詮釋。破洞牛仔褲成了富人宣示自己叛逆精神的符號。2015年前後破洞牛仔褲在中國也成為明星、潮人們凹造型、拼時尚段位元的必備單品，在街頭巷尾掀起了一場「破洞風潮」。不論是淑女風、甜美風，亦或是中性風，都能輕鬆駕馭，打造超強氣場。[33]

　　與破洞牛仔褲同期流行的是捲褲腳潮流。捲褲腳的流行是為了裸露最性感的腳踝。個別長款牛仔褲在腳踝處的皺褶會令腿部的線條更加厚重，對於腿部線條不夠完美的人來說，這簡直就是讓腿變得更粗更短的罪魁禍首。小個子的女性儘量將褲腳捲到最細，貼住腳踝凸出的骨頭即可。而身高有優勢的女性就可以嘗試寬褲腳的捲邊方法，而此種捲褲腳的方式更適合中性風的牛仔褲，這種復古的假小子風格會讓人看起來更加炫酷。

◆ 註釋

[1]史少博：〈論市場經濟條件下的拜金主義〉，蘭州：《蘭州學刊》，2010年11期，第8頁。

[2]高嶺：《商品與拜物──審美文化語境中的商品拜物教批判》，北京：北京大學出版社，2010年，第2頁。

[3]轟海傑：〈商品拜物教：價值關係的矛盾本性及其顛倒幻象〉，昆明：《昆明理工大學學報》，2014年2期，第18頁。

[4][德]馬克思：《資本論・第3卷》，中共中央馬克思恩格斯列寧斯大林著作編譯局翻譯，北京：人民出版社，1975年，第93頁。

[5]史少博：〈論瘋狂「拜金主義」的產生和滅亡〉，武漢：《長江論壇》，2010年6期，第5頁。

[6]轟海傑：〈商品拜物教：價值關係的矛盾本性及其顛倒幻象〉，昆明：《昆明理工大學學報》，2014年2期，第18頁。

[7]埃里希・弗羅姆（Erich Fromm）：《健全的社會》，孫愷詳翻譯，上海：上海譯文出版社，1988年。

[8]葉亦乾：《個性心理學》，上海：華東師範大學出版社，1993年。

[9]車文博：《佛洛德主義原著選輯》，瀋陽：遼寧人民出版社，1998年。

[10]陳文君：〈金錢崇拜的心理透視〉，衡水：《衡水師專學報》，2001年4期，第22頁。

[11]方立峰：〈對消費社會的文化剖析與價值評價──從商品拜物教到符號拜物教〉，西安：《西北大學學報》，2011年4期，第25頁。

[12]方立峰：〈對消費社會的文化剖析與價值評價──從商品拜物教到符號拜物教〉，西安：《西北大學學報》，2011年4期，第25頁。

[13]方立峰：〈對消費社會的文化剖析與價值評價──從商品拜物教到符號拜物教〉，西安：《西北大學學報》，2011年4期，第25頁。

[14]王代月：〈試論消費主義的意識形態性〉，濟南：《理論學刊》，2004年11期，第5頁。

[15]方立峰：〈對消費社會的文化剖析與價值評價──從商品拜物教到符號拜物教〉，西安：《西北大學學報》，2011年4期，第25頁。

[16]方立峰：〈對消費社會的文化剖析與價值評價──從商品拜物教到符號拜物教〉，西安：《西北大學學報》，2011年4期，第25頁。

[17]趙勇：《整合與顛覆：大眾文化的辯證法》，北京：北京大學出版社，2005年，第32頁。

[18]方立峰：〈對消費社會的文化剖析與價值評價──從商品拜物教到符號拜物教〉，西安：《西北大學學報》，2011年4期，第25頁。

[19]方立峰：〈對消費社會的文化剖析與價值評價──從商品拜物教到符號拜物教〉，西安：《西北大學學報》，2011年4期，第25頁。

[20]方立峰：〈對消費社會的文化剖析與價值評價──從商品拜物教到符號拜物教〉，西安：《西北大學學報》，2011年4期，第25頁。

[21]方立峰：〈對消費社會的文化剖析與價值評價──從商品拜物教到符號拜物教〉，西安：《西北大學學報》，2011年4期，第25頁。

[22]陳文君：〈金錢崇拜的心理透視〉，衡水：《衡水師專學報》，2001年4期，第22頁。

[23]埃里希‧弗羅姆（Erich Fromm）：《逃避自由》，劉林海翻譯，北京：國際文化出版公司，2002年。

[24]陳文君：〈金錢崇拜的心理透視〉，衡水：《衡水師專學報》，2001年4期，第22頁。

[25]周雲、朱明俠：〈基於奢侈概念歷史考略的奢侈品管理科學範式研究〉，太原：《經濟問題》，2012年7期，第21頁。

[26]熊騫：《生活方式與奢侈品購買傾向的因果關係研究》，首都經濟貿易大學碩士學位論文，2011年，第8頁。

[27]周雲、朱明俠：〈基於奢侈概念歷史考略的奢侈品管理科學範式研究〉，太原：《經濟問題》，2012年7期，第21頁。

[28]周雲、朱明俠：〈基於奢侈概念歷史考略的奢侈品管理科學範式研究〉，太原：《經濟問題》，2012年7期，第21頁。

[29]李寧：〈法國高級定制時裝的發展與歷史〉，新鄉：《新鄉學院學報》，2011年3期，第142頁。

[30][美]托斯丹‧范伯倫（Thorstein B Veblen）：《有閒階級論》，蔡受百翻譯，北京：商務印書館，1964年。

[31][美]理查‧A‧波斯納（Richard Allen Posner）：《公共知識份子：衰落之研究》，徐昕翻譯，北京：中國政法大學出版社，2002年，第394頁。

[32]張榮翼：〈符號消費與當代文藝學的問題意識〉，廣州：《廣東社會科學》，2015年第4期，第159頁。

[33]〈女星愛穿的破洞牛仔褲〉，太平洋時尚網。

附錄　中國現代服裝流行年表

1879-1949年	西裝
1911年	改良旗袍
1916年	中山裝
1934年	鉤織服裝
1949-1969年	幹部服
1950-1969年	列寧裝
1957-1969年	海魂衫
1960-1969年	布拉吉
1960-1969年	人民裝
1965-1979年	六五式軍裝
1950-1975年	勞作服、工裝褲
1978年	風衣
1978年	喇叭褲
1979年	牛仔褲
1980-1990年	蝙蝠衫
1980-1990年	女士西裝
1980-1990年	獵裝
1980年	迷你裙
1980年	斜裁長裙
1982年	羽絨服
1983年	大駁頭西裝
1983年	運動服

1987年	健美褲
1990-1993年	休閒西裝
1990-1993年	公主裙
1996年	三粒或四粒扣墊肩西裝
1997年	馬甲
1998年	吊帶裙
2000年	斜肩女裝
2000年	露背裝
2004年	低胸裝
2004年	低腰褲
2009-2013年	軍旅風
2008-2013年	波西米亞長裙
2008-2013年	牟釘裝飾
2008-2013年	骷髏圖案大熱
2009-2012年	豹紋圖案大熱
2009-2013年	連身褲
2010年	女士聳肩西裝
2010年	馬甲
2010年	哈倫褲
2011-2012年	波普點圖案大熱
2011-2013年	假領及小圓領、小尖領款式
2011年	條紋衫
2011-2013年	蝙蝠衫
2012年	透視裝
2012-2014年	不對稱裙襬
2014年	棒球短外套
2014-2015年	飛行員夾克
2014-2015年	球衣風
2014-2015年	背帶裙
2015年	破洞牛仔褲

參考書目

[日]田中天：《圖說中世紀服裝》，蘇黎衡翻譯，汕頭：汕頭大學出版社，2006年。

朱和平：《世界經典服裝設計》，長沙：湖南大學出版社，2010年。

[法]弗朗索瓦—瑪麗・格羅：《回眸時尚：西方服裝簡史》，治棋翻譯，北京：中國紡織出版社，2009年。

李當歧：《西洋服裝史》，北京：高等教育出版社，2005年。

卞向陽：《國際服裝名牌備忘錄》，北京：中國紡織大學出版社，1997年。

羅瑪：《開花的身體———部服裝的羅曼史》，上海：上海社會科學院出版社，2005年。

[澳]朱利安・魯賓遜：《人體包裝藝術》，胡月、袁泉、蘇步翻譯，北京：中國紡織出版社，2001年。

廖軍、許星：《中國服飾百年》，上海：上海文化出版社，2009年。

華梅：《古代服飾》，北京：文物出版社，2009年。

諸葛鎧：《中國服飾文化——文明的輪迴》，北京：中國紡織出版社，2007年。

莊秋水：《風入羅衣——中國文學中的服飾與人情》，北京：文匯出版社，2008年。

陳志華、朱華：《中國服飾史》，北京：中國紡織出版社，2008年。

[德]黑格爾：《美學》，朱光潛翻譯，北京：商務印書館，1979年。

[俄]車爾尼雪夫斯基：《生活與美學》，周揚翻譯，北京：人民文學出版社，1957年。

李澤厚、劉綱紀：《中國美學史》，北京：中國社會科學出版社，1984年。

朱立元：《美學》，北京：高等教育出版社，2002年。

吳中杰：《中國古典審美文化史論》，上海：上海古籍出版社，2003年。

馮友蘭：《中國哲學史》，重慶：重慶出版社，2009年。

吳衛剛：《服裝美學》，北京：中國紡織出版社，2012年。

劉國聯：《服裝心理學》，上海：東華大學出版社，2011年。

華梅：《人類服飾文化學》，天津：天津人民出版社，1997年。

[英]Cosgrave.B.普蘭溫‧科斯格拉芙：《時裝生活史》，北京：東方出版社，2006年。

羅瑪：《服裝的慾望史》，北京：新星出版社，2010年。

[法]西蒙娜‧德‧波伏娃：《第二性》，北京：中國書籍出版社，1998年。

李銀河：《女性權力的崛起》，北京：文化藝術出版社，2003年。

孟悅、戴錦華：《浮出歷史地表》，鄭州：河南人民出版社，1989年。

鮑曉蘭：《西方女性主義研究評介》，北京：生活‧讀書‧新知三聯書店，1995年。

陳順馨、戴錦華：《婦女、民族與女性主義》，北京：中央編譯出版社，2004年。

廖雯：《女性藝術──女性主義作為方式》，長春：吉林美術出版社，2000年。

曉宜、張曉麗：《女性的祕密》，北京：中國國際廣播出版社，1988年。

季國清：《隱性女權的王國》，哈爾濱：黑龍江人民出版社，2003年。

[奧]西格蒙德‧佛洛伊德：《圖騰與禁忌》，趙立瑋翻譯，上海：上海人民出版社，2005年。

溫天、黎瑞剛：《夢‧象‧易：智慧之門》，杭州：浙江人民出版社，1992年。

[奧]西格蒙德‧佛洛伊德：《釋夢》，孫名之翻譯，北京：商務印書館，2002年。

[德]愛娃‧海勒：《色彩的文化》，吳彤翻譯，北京：中央編譯出版社，2004年。

趙國華：《生殖崇拜文化論》，北京：中國社會科學出版社，1996年。

易思羽：《中國符號》，南京：江蘇人民出版社，2005年。

月生選編：《中國祥瑞象徵圖說》，王仲濤翻譯，北京：人民美術出版社，2005年。

[英]哈夫洛克‧埃利斯：《性心理學》，陳維政、王作虹、周邦憲、袁德成、龍葵翻譯，貴陽：貴州人民出版社，2004年。

[法]米歇爾‧福柯：《性經驗史》，余碧平翻譯，上海：上海人民出版社，2002年。

[英]勃洛尼斯拉夫‧馬林諾夫斯基：《兩性社會學》，李安宅翻譯，上海：上海人民出版社，2003年。

[美]赫伯特‧馬爾庫塞：《愛欲與文明》，黃勇、薛民翻譯，上海：上海譯文出版社，1987年。

[德]愛德華‧福克斯：《情色藝術史》，楊德友翻譯，西安：陝西師範大學出版社，2004年。

[美]梅里‧E.威斯納—漢克斯：《歷史中的性別》，何開松翻譯，北京：東方出版社，2003年。

[德]《馬克思恩格斯全集》，馬克思、中共中央馬列恩斯著作編譯局編譯，北京：人民出版社，1975年。

[美]約翰‧奧尼爾：《身體形態——現代社會的五種身體》，張旭春翻譯，瀋陽：春風文藝出版社，1999年。

[法]伊‧巴丹特爾：《男女論》，長沙：湖南文藝出版社，1988年。

[德]尼采：《道德的譜系》，周江翻譯，北京：生活‧讀書‧新知三聯書店，1992年。

[美]瑪莉蓮‧亞隆：《乳房的歷史》，何穎怡翻譯，臺北：臺灣先覺出版公司，2003年。

汪民安：《身體的文化政治學》，開封：河南大學出版社，2004年。

汪民安、陳永國：《後身體——文化、權力和生命政治學》，長春：吉林人民出社，2003年。

王政、杜芳琴：《社會性別研究選擇》，北京：生活‧讀書‧新知三聯書店，1998年。

劉達臨：《性與中國文化》，北京：人民出版社，1999年。

劉達臨、胡宏霞：《中國性文化象徵》，成都：四川人民出版社，2005年。

江曉原：《性感：一種文化解釋》，海口：海南出版社，2003年。

摩天文傳：《奢華之巔——全球100個頂級奢侈品牌》，北京：人民日報出版社，2014年。

[法]雷蒙‧阿隆：《社會學主要思潮》，葛智強、胡秉誠、王滬甯翻譯，上海：上海譯文出版社，2005年。

[美]喬納森‧特納：《社會學理論的結構》，邱澤奇、張茂元翻譯，北京：華夏出版社，2006年。

[英]安東尼‧吉登斯：《社會的構成》，李康、李猛翻譯，北京：生活‧讀書‧新知三聯書店，1998年。

[美]托斯丹‧凡勃倫：《有閑階級論——關於制度的經濟研究》，李華夏翻譯，北京：中央編譯出版社，2012年。

[英]亞當‧斯密：《國富論》，孫善春、李春長翻譯，北京：中國華僑出版社，2010年。

[美]歐文‧費雪：《利息理論》，陳彪如翻譯，北京：商務印書館，2013年。

[前蘇聯]巴赫金：《巴赫金全集》，錢中文翻譯，保定：河北教育出版社，2009年。

啟良：《西方文化概論》，廣州：花城出版社，2000年。

朱立元：《當代西方文藝理論》，上海：華東師範大學出版社，2001年。

胡經之：《西方文藝理論名著教程》，北京：北京大學出版社，2003年。

張隆溪：《二十世紀西方文論述評》，上海：三聯書店，1986年。

馬新國：《西方文論史》，北京：高等教育出版社，2007年。

新銳藝術19　PC0468

新銳文創
INDEPENDENT & UNIQUE

流行背後的秘密
——中國現代服裝的文化內涵

作　　者	韓　冷
責任編輯	李冠慶
圖文排版	周妤靜
封面設計	蔡瑋筠

出版策劃	新銳文創
發 行 人	宋政坤
法律顧問	毛國樑　律師
製作發行	秀威資訊科技股份有限公司
	114 台北市內湖區瑞光路76巷65號1樓
	電話：+886-2-2796-3638　傳真：+886-2-2796-1377
	服務信箱：service@showwe.com.tw
	http://www.showwe.com.tw
郵政劃撥	19563868　戶名：秀威資訊科技股份有限公司
展售門市	國家書店【松江門市】
	104 台北市中山區松江路209號1樓
	電話：+886-2-2518-0207　傳真：+886-2-2518-0778
網路訂購	秀威網路書店：http://www.bodbooks.com.tw
	國家網路書店：http://www.govbooks.com.tw

出版日期	2015年10月　BOD一版
定　　價	290元

國家圖書館出版品預行編目

流行背後的秘密：中國現代服裝的文化內涵 / 韓冷著.
-- 一版. -- 臺北市：新鋭文創, 2015.10
　　面；　公分. -- (新鋭藝術；19)
　BOD版
　ISBN 978-986-5716-62-2(平裝)

　1.服裝 2.文化史 3.中國

538.182　　　　　　　　　　　104012113

讀者回函卡

感謝您購買本書，為提升服務品質，請填妥以下資料，將讀者回函卡直接寄回或傳真本公司，收到您的寶貴意見後，我們會收藏記錄及檢討，謝謝！如您需要了解本公司最新出版書目、購書優惠或企劃活動，歡迎您上網查詢或下載相關資料：http:// www.showwe.com.tw

您購買的書名：＿＿＿＿＿＿＿＿＿＿＿＿＿＿＿＿＿＿＿＿＿＿＿＿＿

出生日期：＿＿＿＿＿年＿＿＿＿＿月＿＿＿＿＿日

學歷：□高中 (含) 以下　　□大專　　□研究所 (含) 以上

職業：□製造業　□金融業　□資訊業　□軍警　□傳播業　□自由業
　　　□服務業　□公務員　□教職　　□學生　□家管　□其它＿＿＿＿

購書地點：□網路書店　□實體書店　□書展　□郵購　□贈閱　□其他

您從何得知本書的消息？

　□網路書店　□實體書店　□網路搜尋　□電子報　□書訊　□雜誌

　□傳播媒體　□親友推薦　□網站推薦　□部落格　□其他＿＿＿＿＿＿

您對本書的評價：（請填代號　1.非常滿意　2.滿意　3.尚可　4.再改進）

　封面設計＿＿＿　版面編排＿＿＿　內容＿＿＿　文／譯筆＿＿＿　價格＿＿＿

讀完書後您覺得：

　□很有收穫　□有收穫　□收穫不多　□沒收穫

對我們的建議：＿＿＿＿＿＿＿＿＿＿＿＿＿＿＿＿＿＿＿＿＿＿＿＿＿

＿＿＿＿＿＿＿＿＿＿＿＿＿＿＿＿＿＿＿＿＿＿＿＿＿＿＿＿＿＿＿＿

＿＿＿＿＿＿＿＿＿＿＿＿＿＿＿＿＿＿＿＿＿＿＿＿＿＿＿＿＿＿＿＿

＿＿＿＿＿＿＿＿＿＿＿＿＿＿＿＿＿＿＿＿＿＿＿＿＿＿＿＿＿＿＿＿

11466
台北市內湖區瑞光路 76 巷 65 號 1 樓

秀威資訊科技股份有限公司　　　收

BOD 數位出版事業部

....

（請沿線對折寄回，謝謝！）

姓　　名：＿＿＿＿＿＿＿＿＿　年齡：＿＿＿＿　性別：□女　□男

郵遞區號：□□□□□

地　　址：＿＿＿＿＿＿＿＿＿＿＿＿＿＿＿＿＿＿＿＿＿＿

聯絡電話：(日) ＿＿＿＿＿＿＿＿＿＿＿　(夜) ＿＿＿＿＿＿＿＿＿＿＿

E-mail：＿＿＿＿＿＿＿＿＿＿＿＿＿＿＿＿＿＿＿＿＿